灯台を読む

文藝春秋

目次

鍋島灯台 p.19

美保関灯台 p.31

出雲日御碕灯台 p.43

室戸岬灯台 p.68

高知灯台 p.57

足摺岬灯台 p.79

潮岬灯台 p.93

樫野埼灯台 p.105

安乗埼灯台 p.116

神威岬灯台 p.131

鷗島灯台 p.142

恵山岬灯台 p.153

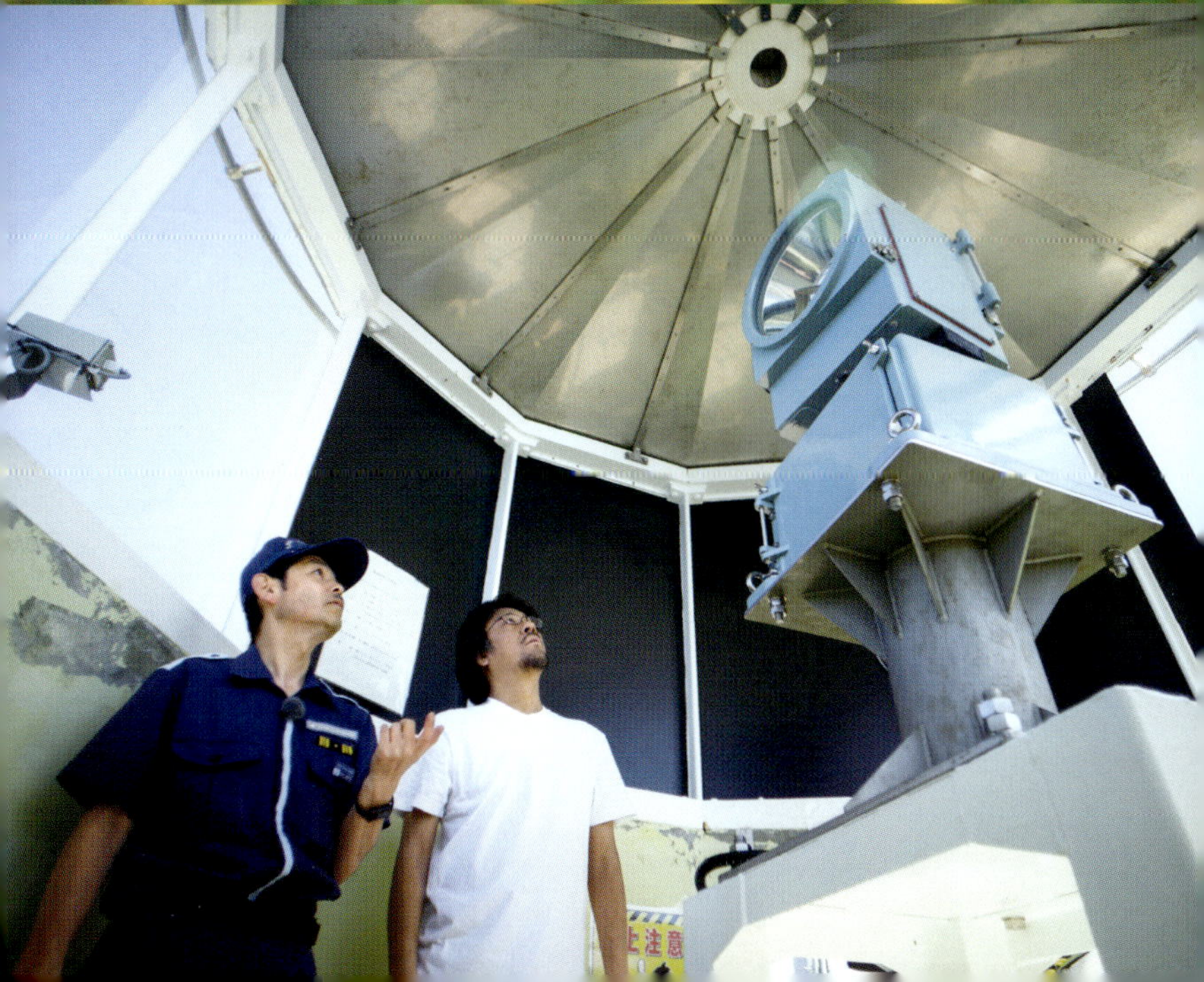

掛塚灯台 p.192

鍋島灯台

門井慶喜

Yoshinobu Kadoi

1971年群馬県生まれ。

2003年オール讀物推理小説新人賞を「キッドナッパーズ」で受賞しデビュー。18年に『銀河鉄道の父』で直木賞を受賞。

他の著書に『家康、江戸を建てる』『東京、はじまる』など多数。

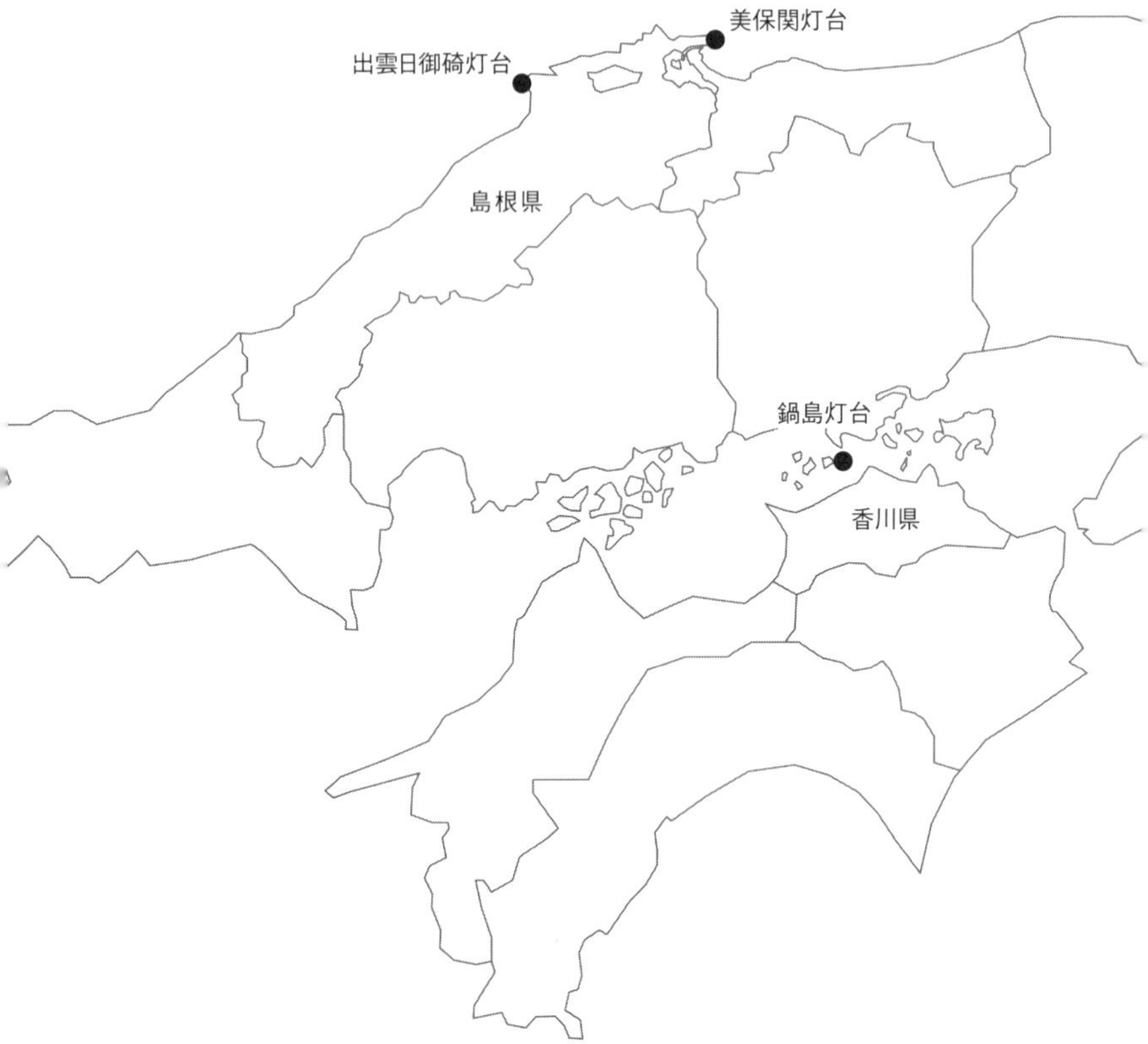
美保関灯台
出雲日御碕灯台
島根県
鍋島灯台
香川県

日本だけの海から

鍋島灯台〈香川県〉

灯台。

というこの現代では何ということもない一語を見るたび、胸がうずく。

同情というか何というか。しいて言葉にするなら、

（かわいそうだな）

あたりが近いように思われる。

たとえて言うなら制服を着た中学生がまわりを屈強な男にかこまれて、いまにも殴り倒されそうで、知恵も体力もかなわないのに必死で「俺は強いぜ」と胸を張っているのを見るような、そんな痛ましさを感じるのだ。

灯台という語は、もともと日本語にはなかった。

「灯明台《とうみょう》」ならあった。これは江戸時代に、夜間の船の通行の安全のため、日本各地の岬

などに建てられたもので、多くの場合は木造だから風に弱いし、あかりは油の火だし、レンズを使わないから光が遠くへ届かなかった。

いうなれば前近代的な航路標識、ないよりはましという程度。これが幕末期には西洋各国のこぞって難詰するところとなった。

「あぶなっかしくて仕方がない。早く近代式、西洋式のものを建てろ」

と、江戸幕府に対してことさら大声で主張したのは、当時いちばん艦船をたくさん派遣していたイギリスだったにちがいない。西洋各国は慶応二年（一八六六）、改税約書という条約――厳密には条約の改訂協定――によって正式にその建設を約束させたけれども、このときの条文では、幕府側の翻訳ではやはり「灯明台」の語がもちいられている。

従来の語をあてはめたわけだ。この協定にもとづく最初のそれが完成し初点灯したのは明治二年（一八六九）一月一日、すでに幕府は滅びていて、かわってこの事業を受け継いだ新政府は、この施設に「観音埼《かんのんさき》灯台」という名をつけた。

すなわち「灯台」という新語を示したのである。その背後にはもちろん、旧来とは違うのだ、文明開化の産物なのだという弾むような気分があっただろうが、しかしもうひとつ思い合わせなければならないのは、この時期の政治用語としての「台」の意味である。

鎮台、砲台、海軍観象台（のちの天文台）などの語に顕著なごとく、国家的規模のイメージがある。もっと言うと対外的な示威の印象が濃厚なので、英語では灯台はライトハウス lighthouse、ふつうに訳せば単なる「灯りの家」にすぎないことを考えると、いかにも構えが大仰すぎる。

ただ何となく「灯明台」の「台」を踏襲したわけではないのである。まことに当時の日本は中学生だった。まわりを欧米という屈強な男にかこまれて「俺は強いぜ」と胸を張るしか生きるすべがなかったのである。

（なお厳密に言うと、江戸時代にも「灯台」の語がなかったわけではない。たとえば「灯台もと暗し」という諺もあったけれど、これは室内照明用の小道具をさした。木の棒を立ててその上に蠟燭を立てたり、油皿を置いたりするものだから、根本的に話が別である。）

こうして日本の灯台は、その歴史を、外国に無理強いされたものとして歩みはじめた。建設費用は日本もちである。いきなり何基もつくれない。ましてや日本は南北に、ないし東西に長い島国で、さほど面積が大きくないわりに海岸線が複雑だから、必要となれば何百基つくっても足りはしない。

自然、どこを優先するかが問題になる。日本の海は大づかみに見ると、太平洋、日本海、瀬戸内海、東シナ海（九州南西部）の四つにわかれるが、さっき述べた観音埼灯台、日本の灯台第一号は、このうち太平洋岸に置かれている。

くわしく言うと三浦半島の東のはしっこ、太平洋から東京湾という袋小路への入口。まずは首都の門灯というところだが、この太平洋優先というのも結局は西洋人の都合なので、彼らはみなこの海域を経た上で、横浜とか、東京とか、用事の多い街へ着くのである。

だから当然、これ以降も、灯台はつぎつぎと太平洋岸に建てられた。ざっと挙げてみると、

　城ヶ島灯台（明治三年、神奈川県）
Ｂ樫野《かしの》埼《さき》灯台（明治三年、和歌山県）
Ｂ石《い》廊埼《ろうざき》灯台（明治四年、静岡県）
Ｂ犬吠埼《いぬぼうさき》灯台（明治七年、千葉県）
Ｂ御《お》前埼《まえさき》灯台（明治七年、静岡県）

Ｂのマークの有無については後述する。先に結論めいた言いかたをしてしまうと、私には、日本の灯台は総じて、

1　太平洋
2　東シナ海
3　瀬戸内海
4　日本海

の順番で建てられたという印象がある。太平洋に次いで東シナ海の優先度が高いのは、これはたぶん、当時アジアで最大の租界（外国人居留地）があった上海を経由して来る船のためではなかったか。上海を経由して日本に来れば、東シナ海はまっすぐ太平洋に接続すること、あたかも陸上における山陽道と東海道のごとしというわけ。これは海上の一大幹線にほかならないのだった。

ただしもちろん、このことは、第一期が終わったら第二期というふうに年表がきっかり区分されることを意味するのではない。

実際の建設史はもっと渾沌としている。ここに挙げたのはあくまでも大きく見たときの順番だとご承知願いたいが、しかしながらそれにしても、第三期にあたる瀬戸内海に、明治五年（一八七二）というきわめて早い段階で建てられた灯台のあるのはおもしろく、私はかねて気になっていた。

鍋島《なべしま》灯台である。岡山と香川のあいだ、ただし香川寄りの海の上にある。今回、リレー紀行の企画を練っているなかで、「オール讀物」編集部の嶋田美紀さんから、

「鍋島灯台に行きませんか」

という誘いを受けたのは、だから私には僥倖《ぎょうこう》だったわけだが、その季節がまた理想的だった。桜の季節。コートやダウンの類のいらない、そのぶん旅がしやすい時候。

しかも当日は天気がよく、風もなかった。私はこれまで歴史の現場を訪ねて四十七都道府県すべてに足を運んでいるが、これほどおあつらえ向きの旅というのは案外ないものである。自然と心も軽くなった。

カメラマン橋本篤《あつし》さんの運転する車に乗って、本州側から瀬戸大橋を渡り、ただし渡りきる前に与島《よしま》パーキングエリアに立ち寄る。ここの駐車場で案内役の海上保安庁の方々と会い、彼らの車に乗りかえて一般道へ入り、漁港のようなところで車を降りた。

そこから十分ほど歩いた。与島も鍋島も元来は島の名前で、むかしは渡し船で行き来していたそうだが、いまはコンクリートの防波堤が道路の役割も果たしていて、歩いて渡ることができる。鍋島はなるほど鍋を伏せたような半球状の島だった。

入ったら、けっこう急な山道である。海がぐんぐん足の下で小さくなる。のぼりきったら視界にいきなり白い灯台があらわれて、つい、

「おっ」

と声を出してしまったが、この「おっ」には、もしかしたら、その背の低さに対する驚きもあったかもしれない。

この灯台は、わりとずんぐりしているのである。もっともこれは本来の機能を考えれば当然のことだった。灯台というのは要するに高いところで光を発すればよく、最初から山

の上（といっても大したものではないが）につくるなら、わざわざ蠟燭みたいな灯塔を立てる必要はないわけである。時刻はお昼前だったから、灯台にとっては休息のひととき、まるで昼寝しているように見えたのはこっちの感傷のせいか。

ほかに人の姿はなく、まずはぐるりと歩いてみた。案内役のひとり、海上保安庁高松海上保安部交通課長の間賀巧さんが、

「この灯台、設計はブラントンなんです」

その言いかたが、何というか、ちょっと親戚を自慢するような感じだったのはうれしかった。リチャード・ヘンリー・ブラントン、慶応四年（一八六八）に来日したイギリス人技術者で、日本各地で洋式灯台の建設にかかわり、こんにち「灯台の父」ともいわれる。帰国は明治九年（一八七六）だから、在日期間はほぼ八年間である。今回は詳細に述べるゆとりがないが、たとえば太平洋岸でも、さっき挙げたもののうち頭にBのマークをつけたのは彼の設計による。

つまりはそれほど日本史にとって重要な人物なのだけれども、間賀さんにとっての彼はそういう単なる知識であるよりももう少し親しい、人肌のにおいのする存在らしかった。ブラントンが単に灯台のみならず、それを自分でつくることのできる日本人技術者をも育成してから帰国したことと何か関係があるかもしれない。或る意味では、ブラントンは、

海上保安庁の創立メンバーのひとりなのだ。

私はひととおり外観をたしかめ、それから木製の扉をあけて内部に入った。

急角度の螺旋《らせん》階段をのぼって灯籠《とうろう》をめざす。灯籠とは灯台のてっぺん、発光装置の置いてある小部屋であるが、そのなかへ這い込んで——この「這い込む」は実情をかなり正確に表現したものと思ってほしい——立ちあがり、ひざの埃をぽんぽん払うと、ガラスごしに青い海が一望できた。

ここでなければ見られない絶景である。手の届きそうなほど近い正面の対岸にコンビナートがあって、煙突から白いけむりを立ちのぼらせているのは、おそらく香川の番《ばん》の州《す》臨海工業団地だろう。

右手には南京玉すだれを横にのばしたような銀色の瀬戸大橋が見え、その向こうに、これまた見るからに太い高いクレーンが林立している。

「あれは何ですか」

と聞いたら、間賀さんが、

「今治《いまばり》造船の工場です」

愛媛県である。すなわちこの灯台は、視覚的には、瀬戸内のなかの相当な広範囲を支配しているといえるわけで、それだけに眼下の海を通過する船の多さが私にはいっそう印象深かった。

そう、とにかく船が多いのだ。船種もじつにさまざまで、コンテナを満載した巨大船あり、中くらいの大きさの漁船あり。

小さなレジャーボートらしきものに至っては、数えるのも面倒なほどである。私にはみんな自由に走っているように見えるので、よくまあぶつからないものだと思っていると、間賀さんが、

「基本的には右側通行です」

と、こっちの胸中を察したのだろう、いろいろなルールを教えてくれた。その上で、

「ときどき違反者もありますので、取り締まりや啓発活動をやるのも我々の仕事です」

その言いかたは、ほとんど陸上における警察官のようだった。なるほど交通課の名は伊達ではないのである。私は相槌を打ちながら、ふと、海の、

（国道一号線）

そんなことばを思い出した。

ふつつかながら私の用語である。二〇二一年に出した『東京の謎《ミステリー》』（文春新書）のなかで瀬戸内をそう喩《たと》えて、この海域の、日本史における物流経路としての重要性を示したのだ。

たとえば古代、大和国などの豪族は巨大な古墳を築造したが、そこに埋めた石棺にはしばしば北九州産の石材をもちいた。またたとえば平安末期の平清盛はこの海域へはじめて外国（宋）の船を引き込むことで破格の経済力を手に入れた。

江戸時代には日本中の物資が「天下の台所」大坂（大阪）めがけてベルトコンベアに乗ったように搬送された。もしも日本史の神様がいるなら、彼ないし彼女はまさしくこの海を手にした者にだけほほえみを向けたことは事実なので、しかしそれにもかかわらず、くりかえすが、瀬戸内は、日本最初の灯台の建築劇の舞台にはならなかった。太平洋の下風に立ったのである。

人間でいえば、生まれてはじめての挫折だった。いくらイギリスその他の強い外圧によるとはいえ、このことはたぶん、船乗りたちの自尊心をも大いに傷つけたにちがいない。あんまり傷ついたために、かえって、

「灯台なんぞ、いらんわい。そんなものなくても俺たちは長年ちゃんと船をまわしてこの国をささえてきた。どだい東京湾ごときの軟弱な連中とは根性玉がちがうんじゃ」

そんな意地を張る者もあったのではないか。

灯台というものを見たこともない、また今後とも信用するつもりのない伝統的な海の男たち女たち。結果的にこの鍋島灯台、瀬戸内最初の灯台は、彼らに対する恰好の教材にな

った。日中は白い灯塔がはっきり見える。夜でも強い光線のおかげで自船の位置が明確になる。

そのことの安全と安心感によって畢竟《ひっきょう》いちばん得をするのは当の船乗りとその家族なのだと、実物ひとつで知らしめたのである。厳密にはこの灯台は建築当初においては、停泊信号といって、ふつうの灯台とは違い、翌朝まで待機することのできる安全な場所のありかを示すものだったようだけれど、この点もむしろ役割がわかりやすい。入門編としては手ごろだったかもしれない。

瀬戸内は、日本だけの海である。

太平洋や東シナ海、日本海のような他国の岸と共有している、みんなで炬燵《こたつ》に足を突っ込んでいるような海とはまったくちがう。その瀬戸内という日本専用の海にいきなりこの灯台のあらわれたのは、たぶん当事者たる船乗りを超えて、日本人そのものの精神にとって画期的だった。

自尊心の傷からの再起。世界標準への参加の決意。あのやみくもに胸を張るしかなかった中学生は、ここで大人への第一歩を踏み出したのである。もちろん当時の政府にはそんな意図まで持つ余裕はなく、ただ単に明治（厳密には幕府最末期）以降、神戸が開港して、ここにも本格的に外国船が来るようになったから灯台をひとつ建てておこう、くらいの理由だったと思われるが。

私はふたたび螺旋階段を下り、扉をあけて屋外に出た。

目の位置は低くなったが、屋外からも海は見える。海というより運河に近いか。種類も大きさもさまざまの、おそらく所属国もさまざまの船たちの整然たる混雑。ふりかえって灯台をあおぐと、てっぺんには風見鶏があった。

風見鶏のあることは、それ自体はめずらしくない。だが私は、そこへ水平に取り付けられた十字の棒の先の字にびっくりした。東西南北の字が漢字なのだ。

ふつうは国際性の演出の点でも、視認性の点でも、英語の頭文字であるＥＷＳＮを使うことが多い、というよりそれ以外のものを見たことがない。こんな西洋人には読めない文字をたかだかと掲げてブラントンはいったい誰に読ませるつもりだったのか、あるいは灯台の完成以後に別の誰かが付け足したのかと、帰りの車のなかでも私はその疑問がなかなか頭を離れなかった。

灯台の父は今も

美保関灯台〈島根県〉

その灯室から見おろす日本海は、ひろびろとしていた。

どこまでもつづく淡い青のカーペット。その上を大小の船が左右に行き交っている。あんまり数が多いように見えないのは、向こうに陸影がないからだろう。

水平線と青空だけが支配する世界。ここは瀬戸内海のような、対岸の見える、いわば道路的な海とはちがうのである。

もっとも、無限という気配もない。案内役の海上保安庁・浦野貴司さんや中村真弓さん、松江観光協会・朝倉功さんが、かわるがわる、

「きょうは春霞が出ていますが、出てなければ、あっちのほうに隠岐が見えます。韓国はあっち」

とか、

「もう半月ほどすると、あっちから黄砂が飛んで来ます。そこだけ空気の黄色いのがはっきり見えます」

などと説明してくれるのが理由だろうか。見えないだけで対岸はある。そこにはユーラシア大陸という日本史にとっての古代からの重圧がながながと横たわっているのである。

このあたりの感覚は、たとえばおなじ水平線のひろがる海でも太平洋とは異なるところだ。もちろん太平洋だって向こうに大陸はあるわけだが、しかし何ぶんアメリカの西海岸では距離がありすぎる、物理的にも文化的にも。日本海はこういう意味において、広さと狭さを同時に感じさせる不思議さがあるのだ。

ひとしきり話が終わったあとで、誰かが、

「この灯台は、地元の要望で建てられました」

というようなことを言われた。

単なる郷土愛の一例証として触れただけなのかもしれないが、私には何となく心に残るものがあった。実際、家に帰ってから読んだ海上保安庁交通部編集のガイドブック『海を照らして150年』には、それを裏書きする事実も記されている。いわく、建設にあたっては地元が敷地を提供し、そこから海岸までの道路も整備したほか、三百人の作業員まで用意した、うんぬん。それほど人々はこの灯台を待ち望んだのだ。

前回、私は、そもそも灯台というのは押しつけられたものだと述べた。

幕末期、イギリスその他の先進国が、自国の船の通行の安全のため「つくれ」と強要したのである。

幕府はそれを約束した、または約束せざるを得なかった。幕府を倒して成立した明治政府もそれを受け継いだため、日本各地の海にはあたかも雨後の筍のごとくにょきにょき灯台が生えることになった。それから約三十年、たった三十年にしてもう地元の人々がそれを強要どころか自発的に誘致する、そんな時代が来たのである。この灯台の名は美保関《みほのせき》灯台、島根半島の東のはしっこに立ち、初点灯は明治三十一年（一八九八）だった。

それだけ親しみが湧いたのか、ほかに事情があったのか。

直接的な理由を言うと、明治三十二年（一八九九）七月の勅令第三四二号である。これをもって地元の境港《さかいみなと》は、国指定の開港場となった。

外国船舶をむかえることのできる国際港湾になったわけで、さだめし住民は気分が高揚しただろう。その高揚が、まずもって、誰の目にも恥ずかしくない灯台を建ててやろうという運動につながったことはまちがいないのだ。

だがそれはあくまでも直接的、短期的なきっかけにすぎない。もっと間接的、長期的な部分においては、彼らの心の奥底には怒りと焦りがあった。

ひとことで言うなら「われらは国に置き去りにされた」、そんな泥土のような感情。なぜなら、これも前回述べたことだが、日本の灯台建設はおおよそのところ太平洋、東シナ海、瀬戸内海において先行し、日本海はあとまわしにされたからである。

何しろ政府にしてみれば西洋船の多くがあるいは太平洋から横浜へ、あるいは上海から神戸へといったような航路を取る以上、やむを得ないことだった。灯台とはまず何よりも先に外国人のためのものだったのである。むろん日本海にも維新後すぐに建てられたものもないではないが、しかしそれはたとえば白州《しらす》灯台（明治六年、福岡県）、角島《つのしま》灯台（明治九年、山口県）のように関門海峡の入口に設けられたので、純粋に日本海というよりも、むしろ瀬戸内のためという気配を濃厚に帯びている。

日本海沿岸の人々は、これには大いに自尊心を傷つけられたにちがいないのだ。これではっきりと二流あつかいではないか。ましてや日本海は二流どころか、ついこのあいだの江戸時代まで日本の物流の大動脈だった。

そう、いわゆる西廻り航路である。北海道から日本海を西走して関門海峡から瀬戸内に入り、こんどは東行して大坂へ向かう。大坂には巨大な取引市場があって、ものに値段をつける機能があるので、天下のあらゆる物資はそこをめざした、ということは日本海を疾走した。

沿岸の港は、境にしろ浜田にしろ、灯台なんぞ建てずとも入船出船《いりふねでふね》でにぎわったものだし、廻船問屋が立ちならんだものだ。ときには船乗りたちの陸遊《おかあそ》びもあって、これがまた大きな利になったのである。

こういう過去の栄光を横に置いてみなければ、地元のこの灯台にかける意気ごみはわかりづらい。

転落からの復活。絶好の手がかり。灯台のために敷地を提供し、道路を整備し、三百人の作業員まで用意したのは「ようやく目を向けてもらえた」という可憐な感動の故であると同時に、おそらくは、この日本海という元来は第一流の海だったものを三十年ものあいだ放置しつづけた国家と国民に対する一種のあてつけでもあった。彼らは恩讐を跳躍台としたのである。

私は灯室を出て、螺旋階段を下り、屋外へ出た。

例によって、ぐるりと歩いて外観をたしかめる。朝倉さんが、

「ブラントン型です」

と言ったとき、得意げな顔になったのは、たぶん見まちがいではないと思う。

リチャード・ヘンリー・ブラントン。この徳川末期に来日し、数えかたにもよるが三十基ちかくもの灯台を建てて去ったイギリス人技師の名は、それほどの英雄らしい後光を帯

びつつ現在でも語り継がれているのだ。
ならば、そのブラントン型とはどのようなものか。手がかりになるのは彼自身が離日直後にイギリスで発表した論文「日本の灯台」だ。徳力真太郎訳『お雇い外人の見た近代日本』（講談社学術文庫）所収。

所々の灯台の建築材料は、その土地土地で最も適していると思った石や煉瓦や木材や鉄を使用した。およその灯台は、基礎部は円形にし、塔の外壁は基部から上方へ緩やかな縦勾配をつけ、内壁は垂直にした。塔の基部には半円形の倉庫を造り、内部は二つに区画して、一方は燃料油の貯蔵所に他は資材置場にした。

美保関灯台は、この記述にきわめて忠実な外観をしていた。切石《きりいし》積みで上へ行くほど細くなり（もっとも高さはさほどでもない）、基部には半円形の建物がくっついている。半円形だから純粋に美的観点から見るとアンバランスで、たとえて言うなら飛行機の翼を片方だけ切り落としたような収まりの悪さがあるわけだが、しかしこの半円の弧のふくらみは、海に向かって突き出ている。
いかにも海からの強風をなめらかに左右へ受け流していて、そのイメージに爽快さがある。

　機能性が審美性をおぎなっている、という言いかたもできるだろう。出入口の扉が海とは反対側の壁に設けられているのも、灯台設計の基本とはいえ、機能重視の設計態度をいっそう強調しているようだ。私はそれへ近づいたり、ちょっと遠ざかったりしながら、ひとり、

「そうなんだよなあ」

　つぶやいた。

「これが、ブラントンっていう人なんだよなあ」

　彼は、要するに仕事人間だった。仕事以外のあらゆることは興味の対象外だった。さっき触れた徳力訳の本には、論文「日本の灯台」とは別に、ブラントンが死の直前まで書きためた日本滞在記というべき手記が収められていて、じつはこの手記のほうが主要な部分を占めているのだが、読者はどのページをひらいても彼が日本文化を味わったり、日常生活を楽しんだりした形跡がないことにおどろくだろう。

　早い話が、私が読んだかぎりでは——もう何度も読んでいるが——、そこには芸者も相撲も富士山も出て来ない。

　緑茶も鮨もうなぎもないし、家族のことも言及がない。身近な誰かとのユーモラスなや

りともない。ただただ灯台その他の設計や建設をどのようにしたか、無理解な役人の命令にどのように抵抗したか、そんな話をつぎつぎと繰り出すだけなのだ。

あたかも彼自身が一個の機能と化しているかのよう。そもそもこんな実学一辺倒の回想記を死の直前まで書くということ自体がもう彼の精神の何ものかを濃厚に示しているわけで、おそらく彼にとっては美を愛《め》でるとか、装飾に凝るとかいうのは何の意味もないことだった。いや、もしかしたら無意味どころか堕落と同義語だったかもしれないのだ。

この点において、ブラントンという人は、たとえばこの少しあとの時期にアメリカからおなじ島根県へ来た英語教師ラフカディオ・ハーンとは好対照といえる。ハーンが小泉八雲などという日本名を弄して日本人のこころに共感したり、あるいは日本の古典や民間説話に取材して短編小説集『怪談』を著したりしたことは、ブラントンにとっては――もしも知っていたとすれば――理解しがたい風狂のはずだ。

逆にいえばブラントンは、こういう徹底した工学的、自然科学的生活の故にこそ、八年という短い滞在期間のうちに三十基ちかくもの灯台を築くことができたわけである。これはたいへんな密度なので、彼がこんにち、日本の「灯台の父」と呼ばれるのもまことに当然のことだった。

彼は結局、政府の雇用を解かれて帰国した。

彼の残したのは灯台だけではなかった。いや、彼自身の意識ではそれも灯台のうちに入るのかもしれないが、人間もまた置きみやげにした。

仕事に習熟した灯台関係者というべき人々。彼らのなかには技師がいた。工事監督者がいた。あるいは完成後に現地で毎晩灯火の維持管理をおこなう灯台員たちがいた。とりわけ灯台員に関しては、彼は前述の手記でくやしそうに述懐している。

一八七四年（明治七年）に私は公式に次のような意見書を提出した。それは、現状では各所の灯台で三十七人の熟練した灯台員が必要であるが百人の日本人灯台補助員を試験したところ、わずか二十人が基準に達しただけだった。しかもそのうちで、熟練した外国人の監督者なしに職務が遂行できると信頼して配置できる者は九人だけであった。

こんなことだから日本人はあてにならないのだ、政府はもっとヨーロッパから熟練者を雇い入れるべきだったのだ、というのがこの文章の主旨なのだけれども、それはそれとして、私はむしろ明治七年という早い段階でもう九人もの信頼できる日本人灯台員を養成し得たことのほうに瞠目する。

十人につき一人をうかがう達成率。当時の志望者のたいていが灯台の何たるかを知らず、ましてやそこに住みこんで灯火をたえず監視したり、燃料油を補給したりすることの苦労を知ることもなく、ただ何となく安定した俸給がほしいというだけの理由でこの仕事に就こうとしたであろうことを考えると、かなりの好成績である。察するにブラントンは、よほど彼らを熱心に指導したのではないか。

叱咤し、激励し、辛抱づよく一から仕事を教えたのではないか。そうして彼の離日後も、優秀な灯台員はどんどん増えて、より高度な業務に堪えるようになり、その人間集団そのものが斯界の最大の財産となった。

彼らはブラントンへの感謝を忘れなかった。ほかの日本人技師や工事監督者も同様だったろう。彼の離日から二十年以上も経って完成したこの美保関灯台がなお彼の設計の型を踏襲し、しかもそれが「ブラントン型」などと個人名を冠して呼ばれているという事実は、まぎれもなく、その感謝がいかに長く尾を引いているかを物語っている。

或る意味では二十一世紀の現代にまで引いているのだから、これは一種の美談というか、先生と生徒のあいだの関係の理想像のひとつだろう。私は外観を見終わると、さまざまな思いにふけりつつ、隣接するビュッフェに入った。

ビュッフェは煉瓦造りの古い建物で、もともとは「吏員退息所」、すなわち灯台員たちの家だったとか。食事の前、この建物を管理する三角邦男さんに、

「灯台守《もり》が、ここに住みこんでいたのですか」

と聞くと、三角さんはうなずいて、

「三人いました。それぞれの家族も」

「三家族同居ですね」

「ええ」

三角さんの話によれば、彼らの暮らしは、或る時期まではずいぶん不便なものだったらしい。上水道がないので雨水をためて濾過して飲み水にしたとか、野菜を得るため建物のまわりを畑にしたとか、そんな話が伝わっているという。

三角さんが、

「灯台守やその家族は、夜はもちろんですが、昼も意外と忙しかったのではないでしょうか」

と最後に言われたのは印象的だった。ブラントンが置き残した人間的価値が、

(ここにも、ある)

そんな気がしたのである。

現在は、住みこみの灯台守はいないという。

その必要がないのである。何しろ灯台のあかりは電気だから燃料油の補給はいらないし、

点灯も消灯もセンサーが明るさを感知して自動的にやってくれる。そんなこんなで灯台の維持管理といっても、基本的には、海上保安庁の担当者がときどき車で巡回に来るだけなのだとか。まったくブラントンの想像もしなかったような時代になったわけだ。

ビュッフェでは、私はカレーライスを注文した。サラダとスープがついている。ガラス越しに海を見ながら食べると格別おいしい気がしたけれども、ブラントンなら、

「カレーはカレーだ」

で終わりにするかもしれない。海には相変わらずたくさんの船が行き交っていた。

てっぺんより望む

出雲日御碕灯台〈島根県〉

もしもあなたが灯台なるものにはじめて興味を抱いて、よし、見に行こうという気になったら、ここに行けばまちがいなし。

そんなふうに言いたくなるくらい、出雲《いずも》日御碕《ひのみさき》灯台はおあつらえ向きの場所だった。白い灯塔がすっきりと高く（日本でいちばん高い由）、いかにも灯台らしい優しい姿をしている。てっぺんの灯室のガラス窓と、それをぐるりと取り囲むバルコニーの柵との組み合わせはまるで王女の冠のよう。

それでいて足もとの磯がゴツゴツして、船の座礁の可能性を暗示しているあたりは風景の塩味もきいている。まったく絵はがきのような美しさだ。観光地としての使い勝手もたいへんよろしく、駐車場は完備しているし、おみやげ屋や食堂もあるし、灯台内部は一般公開されている。誰もが満足できるという点においては、ここは全国一のスポットのひとつだと思う。私たちの行ったときには天気は晴れで、これがまた風光明媚な印象をいっそう完璧にしたことだった。

もっとも、これらの事実は、私には恐怖の原因でもあった。高いところが苦手なのである。私は灯台の下に立ち、真上へ首を折った。高さ四十四メートル、だいたい十五階建てのビルくらいの灯塔を見ながら、

「登るんですか」

ぼそっと聞いた。「オール讀物」編集部の嶋田美紀さんはにっこりして、元気な声で、

「登ります」

「……高いなあ」

「登りましょう」

この旅に来たことの後悔の念がもっとも強くなったのは、けだしこの瞬間でもあったろうか。

出雲日御碕灯台は、その名のとおり島根県にある。

島根半島の西のはしだから、前章で紹介した、同半島の東端にある美保関《みほのせき》灯台（島根県）とは掛軸でいえば対幅《ついふく》のような関係をなしている。

これは意味のあることだった。夜間に海上を航行する船からすれば、両方の光を見るこ

とで半島そのものの長さがわかり、自船の位置がはっきりする。逆にいえば一灯だけでは効果は薄いので、灯台というのは決して孤独な職人ではなく、むしろ近くの仲間と協力して仕事をこなしている、いわば組織の一員なのである。

実際、完成年も大差がなく、こちらは美保関灯台の五年後、明治三十六年（一九〇三）である。完成時にはよほど地元が沸いたであろうことも共通しているが、しかしながら大きくちがうのは、こちらには背後に日本有数の神社がひかえていることだった。出雲大社である。このため出雲日御碕灯台は、戦前から人気の観光スポットだった。

私の手もとには、昭和初期のものと思われる手のひらサイズのパンフレットがある。表紙には海に向かって立つこの灯台の絵とか、青っぽい乗合自動車（こんにちのバス）が山のトンネルに向かって走る姿を描いた絵とかがカラーで印刷されていて、デザインもなかなか近代的である。

発行元は「島根観光自動車株式会社」。表紙をひらくと「出雲大社の御詣がすめば次は」とゴチックの見出しが掲げられていて、本文には出雲大社にお詣りしたら次はぜひ日御碕神社に詣るべきこと、ほかの名勝には「東洋一の日御碕灯台」などがあること、そこには自動車でしか行くことができないこと、などが書いてある。

おそらくこのパンフレットは出雲大社の周辺の旅館や飲食店などに置いてあって、観光客の誘導をねらったのだろう。一種のオプショナルツアーというわけだ。料金は往復一円（団体割引あり）、これはおおむね地下足袋《じかたび》一足とおなじ、なかなか手ごろな値段なので、参加者はけっこう多かったと私は見ている。

彼らはこの灯台を見てどう思ったか。もちろん当時の灯台は現在よりも総じて保守管理がたいへんだったから、内部の見学は叶わなかったと思われるが、それでもこの灯塔のすっくとした立ち姿に接するだけで一種の優越感に駆られただろう。

「風流だねえ」

くらいのことは言ったかもしれない。出雲大社から出雲日御碕灯台へ、古代から近代へ一っ飛び！　前時代にはあり得なかった文明の旅。

二十一世紀の現代では、くりかえすが内部が公開されている。

私はそこに登ることができる、いや、登らなければならない。嶋田さんの笑顔に背中を押されるようにして、私はいよいよ内部へ入った。

永遠につづくと思われる螺旋階段をゆっくり踏みしめて、バルコニーに出ると、日本海の絶景がそこにあった。

地上四十メートルというところか。

（きれいだ）

と思ったのは一瞬だけで、足もとに違和感がある。下を見たら床が水平ではなかった。わずかな傾斜がつけてあって、外側のほうが低いのである。

むろん排水のためだろう。地上ならば何ということもないこの勾配が、この高さでは断崖絶壁にも感じられる。ちょっと強い風が吹いたときにはもう、何というか、歯の神経をむき出しにされたように繊細な気分になったのである。

もっとも、私のこんな臆病の虫は、一、二分ほどで落ちついた。風が吹いても灯台自体はびくともしないし、柵はじゅうぶんな高さがある。

元来が安全な施設なのである。そうでなければ完成以来百二十年ものあいだ海に向かって立ちつづけられるはずもないわけで、ほかのお客さんたちも屈託なく腕をのばして磯の波を指さしたり、スマホで写真を撮ったりしている。そこかしこから嘆声や笑い声が聞こえる。

まことにのんびりとした雰囲気だった。彼らもまずは出雲大社へお詣りして、それからここに来たのだろうか。だとしたら現代ではもちろん乗合自動車は使わずに、めいめい自家用車を運転して、あの広い駐車場に停めて……。

もっとも、書斎に帰って調べてみると、この安全は一朝一夕に得られたものではなかった。

さしあたりは三十年ほど前、平成四年（一九九二）に補修工事がおこなわれている。切石積みの外壁の目地《めじ》（石と石の継ぎ目）を埋める充塡剤を最新のものに取り替えて耐久性を向上させた。

それ以前には……そもそも最初の設計の段階できわめて念入りな配慮をあたえられている。この灯台は、外見こそ明快な白い石積みだけれども、じつはその内側にもう一本、赤い煉瓦造りの塔がすっぽり収まっているのだ。

筒のなかへ筒を入れたような、入れ子式のこけしのような……つまりは二重壁というわけで、これによって灯塔全体の強度を確保すること、わけても地震が来たとき倒壊しないことを期したのだろう。

いわゆる耐震構造というわけで、これは世界的にもめずらしく、私はふたたび螺旋階段を下りたとき、その二重壁のありさまを垣間見ることができた。ガラスボードに覆われた煉瓦のすきまから外部をのぞいたのである。

外部といっても、この場合は石積みの外壁とのあいだの隙間の部分で、わりあい広い。仔猫くらいは通れるのではないか。万事が手さぐりの明治期にこれを実現するためにはよほど設計、施工に気を配らなければならなかったはずで、私は、ここではじめて石橋絢彦《いしばしあやひこ》という人の風貌に接した気がした。石橋絢彦は工学技師、この灯台の設計者である。ほかに水《みずの》ノ子《こ》島《しま》灯台（大分県）などを手がけている。

日本灯台史の系譜から言うと、前章でくわしく記したリチャード・ヘンリー・ブラントンの二世代後くらいの位置にいる。

二世代後だから、さしずめ「灯台の父の孫」だろうか。具体的にはブラントンの帰国後に日本の灯台建設をささえたのが元通訳の藤倉見達《ふじくらけんたつ》という人で、そのあとを継いだのが石橋絢彦。

年譜を見ると石橋は明治十三年（一八八〇）から約三年間、おもにイギリスに留学して灯台の研究をしているので、おそらくこのとき、すでに帰国していたブラントンと直接会って指導を受けたと思われる。

ほかの誰よりも日本をよく知る先生に教わったわけで、はたしてそうなら例の二重壁構造もこのとき伝授されたのかもしれない。ブラントンは犬吠埼《いぬぼうさき》灯台（千葉県）、尻屋埼《しりやさき》灯台（青森県）などでこの構造を採用していて、いわば持ち技のひとつだったから、

「石橋君、君の国は地震が多い。背の低い灯台ならばその必要はないが、高いならぜひこれでやりなさい」

などと勧めたのではないか。石橋はそれを学んで日本へ持ち帰って――一種の逆輸入というべきか――出雲日御碕灯台の設計にあたることとなり、満を持して図面を引いた。

だからこの日本一高い灯台は二重壁構造なのだと、そんなふうに想像したいのである。現代最新の構造力学では二重壁にはさほどの意味はないのかもしれないが、だとしても文化的な意義は失われていない。いくら西洋人の指導を仰ごうと、いくら技術が未熟であろうと、結局は日本人がみずから立ち向かわなければならなかった「高い塔を建てる」という使命に対する、これは果敢かつ実直きわまる解答なのである。

私は外へ出て、少し歩いて振り返った。

日本海を背景にして、それはすっくと立っていた。時刻はそろそろ夕方に近く、太陽がみかん色になっていて、灯台の影がくっきり東の陸へ落ちている。

灯台そのものが巨大な日時計のようにも見える。私はさっきまでいたバルコニーを見あげながら、ふと、

「キ」

つぶやいた。

「キ、か」

灯台というのは、ふしぎな数えかたをする。一般の建物のように「一軒、二軒」ではないし、かといって細長い物体に対して汎用できる「一本、二本」でもない。

一基、二基である。これは元来、お墓を数えるための語なのである。お墓から派生して、

三重塔や五重塔のごとき縦長の建物にも当てられるようになった。仏教思想の原理からすれば三重塔や五重塔もやはり釈迦の遺骨などを祀る点で一種のお墓だからだろう。そうしてこれが或る時期からはさらに一般化して、仏教と関係なくても、およそ背の高い建物であれば一基、二基と数えるようになった。

たとえばお城の天守閣などはその典型で、これが近代に入ったところで灯台にも応用されたのである。

そのさい灯台の塔の色がふつうは白一色であることも、イメージの補強に役立った。いったいに灯台を白く塗るというのは万国共通のならわしで、昼間でも船から見えるようにとの配慮だそうだが、われわれ日本人にとっては偶然にも天守閣の外壁がおなじ色の漆喰で覆われることが多かったため、視覚的、文化的な連続性を意識しやすかった。

言いかえれば、心になじみやすかった。私たちが灯台の風景や写真を見るときに何となく心の奥底で感じるノスタルジーの源は、案外こんなところにあるのかもしれない。その意味では、灯台というのは近代の天守閣であり、近代の五重塔であるという表現もできるかもしれないが、しかしそのいっぽうで、日本の近代とは、こと洋風建築に関するかぎり、およそ背の高い建物を建てることに対して極端に臆病な時代でもあった。

これはもちろん、先進国から来た西洋人たちが、むやみやたらと、

「日本は地震が多い。地震が多い」

と騒いだことが大きいのだけれども、そのせいで日本における大建築はみんな横長というか、平蜘蛛のようというか、垂直よりもむしろ水平方向に展開するプロポーションになりがちだった。

鹿鳴館《ろくめいかん》もそう。赤坂の迎賓館もそう。明治建築の集大成というべき赤煉瓦の東京駅（完成は大正三年）などは——列車を停車させるという機能面の要請もあるにせよ——典型的な例で、ほとんど着物の帯のような縦横比である。こういういわば横長全盛期における数少ない例外が灯台建設だったわけだ。

いや、灯台といっても全部が全部背高《せいたか》のっぽとは限らず、背の低いものも多いのだから、つまりこの出雲日御碕灯台は例外中の例外ということになる。

東京駅を横の代表とするならば、

（縦の代表、か）

まさしく一基、二基と数えるに最もふさわしい近代の産物。私は案内してくれた海上保安庁境海上保安部の平山浩さん、矢野恭祐さん、燈光会の斉藤晴美さんにお礼を言って、駐車場へ行き、車に乗りこんで、この極上の観光地をあとにした。

時間の都合で出雲大社にはお詣りせず、そのまま宿泊先に向かった。窓の外の風景が暗くなり、薄墨を流したようになったのは、太陽がまた少し沈んだのだろう。

一日の終わり、旅の終わり。背後の灯台はそろそろ灯室にあかりをともし、海を照らすのにちがいない。百二十年と何日目かの仕事始め。きのうも、きょうも、きっとあしたも。

後部座席の背もたれに少し深く身をあずけると、急に眠気が来て、私はゆっくり目を閉じた。

鍋島灯台
（香川県坂出市）

明治５年11月15日点灯。高さ9.8メートル。赤色、緑色の光が交互に点灯する、不動赤緑互光。通常時は非公開。「瀬戸内国際芸術祭2022」の春会期中に展示したインスタレーションは話題を呼んだ。

美保関灯台
（島根県松江市）

灯台の立つ地蔵崎付近は、大山隠岐国立公園にも含まれる景勝地。灯台自体は高さ14メートルだが、海抜73メートルの岩上にあり、世界灯台100選にも選ばれた。展望デッキやビュッフェも併設。

出雲日御碕灯台
（島根県出雲市）

島根半島の最西端に位置する、日本で最も背の高い石造灯台。名称に「碕」が使われているのは国内唯一。灯台敷地内に併設の展示室は灯台関連情報のほか、出雲および島根県にまつわる内容も豊富。

高知灯台

澤田瞳子

Toko Sawada

1977年京都府生まれ。
2010年『孤鷹の天』でデビュー、同作で中山義秀文学賞、
13年『満つる月の如し 仏師・定朝』で新田次郎文学賞、
16年『若冲』で親鸞賞、21年『星落ちて、なお』で直木賞を受賞。
他の著書に『月ぞ流るる』『赫夜』など多数。

高知県
高知灯台
室戸岬灯台
足摺岬灯台

過去と現在をつなぐもの

高知灯台〈高知県〉

灯台という言葉には、どうしても神秘的な響きを感じずにはいられない。海とは隔たった土地に生まれ育ったわたしにとって、灯台とは様々な小説や随想、はたまた絵画やコミックといった作品の中で接するものだった。

山本周五郎の少年小説「廃灯台の怪鳥」では灯台という閉じられた空間の気配に憧れ、海に落とした時計を間欠的に降り注ぐ灯台の灯《ひ》を頼りに家族総出で探す「サザエさん」の一話には、真っ暗な海に差すその眩い輝きを思い、わたしまで目が眩む思いをした。中でも印象深いのは、高校生の頃に読んだ澁澤龍彥『私のプリニウス』の一節。世界七不思議のひとつ、地中海沿岸のエジプト・アレクサンドリアにかつて存在した大灯台について記した箇所だ。この灯台は紀元前二五〇年頃、アレクサンドリアの港にほど近いファロス（パロス）島に建てられたもので、古代ローマに生きた博物学者・プリニウスの筆を信じれば、灯台にはそれを建てた建築家・ソストラトゥスの名が彫り付けられ、「夜間の船舶の航行の際、浅瀬に対する警告を与え、港口を示すことによって航路標識の役を果して」いた。

灯台は基礎部分は一辺三十メートルの方形で、その上に八角形の塔、更に円錐型の塔が乗った三層構造で、高さは一説には総計百三十メートルあまり。てっぺんにはポセイドンの巨像まで立っていたという。塔内で燃やした炎を反射鏡で拡大するため、その輝きは五十キロ先からも見えたらしいが、残念ながら七九六年に発生した地震で倒壊してしまった。

高さ百三十メートルと言えば、札幌のテレビ塔に近い。今から二千三百年も昔にそんな巨大建造物が作られ、しかも港を出入りする船を守っていたとの記述に、歴史好きの高校生だったわたしはすっかり虜《とりこ》になってしまった。今はもうその灯台はあとかたもないという儚《はかな》さが、わたしの夢想に更に拍車をかけた。

レーダーもGPSもなく、灯《あか》りといえば松明《たいまつ》や灯火だけが頼りだった古《いに》しえ、海をゆく船中の人々の眼に、夜の海の闇はあまりに深く、また恐ろしいものと映っただろう。「その明りを遠くから見ると星に似ている」とプリニウスは記すが、灯台にきらめく人工の星は、そこに確かに人間が――土地がある事実を知らしめ、海上の孤独を癒す頼もしい存在だったに違いない。

ちなみにファロス島の大灯台ゆえに、ギリシア語のΦάρος（pharus）は灯台そのもののの語源となった。ドイツ語ではPharus、英語ではpharos、イタリア語ではfaro。ファロスの大灯台は形を変え、今日もなお世界中に生き続けているのだ。

文藝春秋の担当者さんから、「澤田さん、灯台に関心はおありですか？」と聞かれた時、真っ先に思い浮かべたのはサザエさん一家の、そして二千数百年前の船乗りたちを導いた灯台の灯りだった。思えば灯台には強い憧れを抱いている癖に、わたし自身はほとんどそれに接したことがない。彼らが見たであろう灯台の輝きに、少しでも触れてみたい。気が付いた時には、後先考えぬまま、「はい！」と元気よく返事をしていた。

というわけでわたしがうかがうことになったのは、高知県。広い太平洋に面し、まっすぐ行けばアメリカ大陸。古くより捕鯨やマグロ漁、はたまた宝石サンゴの採取など、海の恵みを豊かに受け続けてきた土地である。

ただわたしが高知県に行くと決まった理由は、それだけではない。実はこの地は弘法大師の別号を持つ平安時代の僧・空海とゆかりが深いのだ。

空海はもともと讃岐国（現在の香川県）出身、早くに都に上り、役人となるべく十年間も学問を積んだが、ある日、突然すべてを擲《なげう》って出奔《しゅっぽん》する。後に空海自身が記した『三教《さんごう》指帰《しいき》』という書物によれば、そのきっかけは彼が一人の僧侶から、知恵を司る虚空蔵菩薩の求聞持法《ぐもんじほう》を授けられたこと。以来、空海はあちらこちらで修行を重ね、「阿国（阿波国・現在の徳島県）大滝岳にのぼりよじ、土州（土佐国・現在の高知県）室戸崎に勤念す。谷、響きを惜しまず、明星、来影す」という経験をした。明星とは虚空蔵菩薩の化身と見なされ、高知県室戸岬は空海大悟の場の一つとされている。

つまり洋の東西を問わず古代史を愛するわたしにとって、高知県はいささか散漫すぎる好奇心を幅広く満たしてくれる場所。そして人を導くはるかなる星という一点において、灯台と空海の経験には共通項がある。

そんなわけでわたしは早速、高知に旅立ったが、なにせ季節は大変な猛暑のまっただ中。編集者の鳥原氏・カメラマン橋本氏と落ち合った初日は、雲一つない晴天だった。お盆を過ぎたにもかかわらず、予想最高気温は、三十八度。わたしが暮らす京都ではもはや珍しくなくなった温度だが、海に面した高知県では稀な高温という。

これまで数々の「海と灯台プロジェクト」に同行くださっているベテラン橋本氏の運転でまず目指したのは、高知県屈指の観光スポット・桂浜のすぐそばに建つ高知灯台。灯台に向かう前に、「NPO法人　土佐観光ガイドボランティア協会」ガイドの長尾留美子さんと合流し、桂浜を訪ねる上では通り過ぎるわけにはいかない坂本龍馬像にご挨拶にうかがった。

これまで写真や動画などで幾度も目にしていた像であるが、近くに寄ればとにかく大きい。それもそのはず、高知県の青年有志の呼びかけをきっかけに、昭和三年（一九二八）に建てられたこの像は、高さ五メートル余り。台座の高さも含めれば、十三メートルを超える巨像なのだ。

像に別れを告げて浜に降りれば、太平洋に面しているため、桂浜に打ち寄せる波は思いがけず荒い。一方で燦々《さんさん》と降り注ぐ陽射しは、残暑らしからぬ強烈さで、歩くだけで額に汗がにじむ。ただただ澄んだ陽と、それをぎらぎらと反射する海。まるで巨大な光の中を歩んでいるような錯覚すら、わたしは覚えた。

桂浜はもともと「勝浦浜」と呼ばれていたのが、月の名所として名高かったことから、月に生えるとされる桂の木にちなみ、現在の名になった。一帯には大町桂月《けいげつ》を始めとする文人たちの記念碑や歌碑が複数建てられている。そもそも高知出身である大町桂月の筆名はこの桂浜にちなんだもので、今も昔も多くの人々にこの地が愛されていることが偲ばれる。

地図で見てみれば、桂浜は浦戸湾という湾の出入り口に突き出た岬近くに位置している。太平洋に面していることから潮の流れが速く、高波も多い。現在、桂浜の奥にある高知港は古くは浦戸港と呼ばれ、奈良・平安時代の昔からすでに土佐国の海の玄関口であった。

『土佐日記』の筆者・紀貫之は、国司として赴任していた土佐国府から、浦戸経由で都に海路で戻っているし、中世以降、畿内商人の一部や細川氏は、明国との貿易に浦戸や現在の鹿児島県坊津経由の南海航路を用いるようになる。

また浦戸には南北朝時代初頭から城が築かれ、ことに戦国武将・長宗我部元親《ちょうそかべもとちか》は豊臣秀吉から土佐一国を安堵された際、この地に本拠を置いた。関ヶ原の戦いの後、新たな土佐の主となった山内一豊は現在の高知城築城に取り掛かり、やがて浦戸城は廃される。近年、陸路・空路の急激な発達により、高知を訪れる人はわたしたちがそうであったように、高知市内中心部を起点に動くことが多い。だがほんの二、三十年前まで、高知港は大阪や東京からのフェリーの離発着場であり、高知と各地を結ぶ海の入り口だった。つまり現在、風光明媚な観光地として名を馳せる桂浜とその周辺は、高知きっての殷賑《いんしん》を極めた海の街だったのだ。

桂浜を守るようにそびえる龍王岬には、今日、海津見《わたつみ》神社という古社が鎮座している。大綿津見神《おおわたつみのかみ》、つまり海の神様にして龍宮の主を祀る神社であり、青い海と朱塗りのお社、そして眼下の海に砕ける白い波のコントラストが美しい。

海神が古くよりこの地に祀られているとはすなわち、近隣の海を行き交う船がそれだけ多かった事実を——そしてこの一帯が海路として優れている事実を意味する。社会の変質によって人の動きが変わっても、昔から変わらぬ営みの軌跡は確実にどこかに刻まれているのだ。

海津見神社参拝を終えて進むうち、陽がふっと陰った。ほんの一瞬、遊歩道が藪椿の茂みの中をよぎったためだ。だが次の瞬間、またも視界は大きく開け、ずんぐりと愛らしい高知灯台が行く手にいきなり現れた。

灯台の入り口には、紺色の制服をまとった高知海上保安部の奥山正さんがお待ちくださっていた。だが互いに挨拶を交わしながらも、わたしの視線は早くも奥山さんの背後にそびえる灯台に奪われつつあった。

高知灯台は、現在地から桂浜を隔てた龍頭崎《りゅうず》に明治十六年（一八八三）に建てられた県営灯台が前身。第二次世界大戦後に海上保安庁に移管され、昭和四十六年（一九七一）、改装を経て今の位置に移築されたという。

さかのぼれば龍頭崎には、十七世紀後半から常夜の大灯籠が設置され、油と灯明で以て、一帯を行く船に岬の位置を告げていたという。ならば今日の高知灯台は、近代化以前からの海の安全の名残を強く受け継ぐ施設というわけだ。

長方形の機械室とずんぐりとした円柱型の灯台の背後には、見事に晴れた青空と猛々しいほどの生命力をみなぎらせた南国の森。圧倒的なエネルギーと歴史を感じさせる光景に見惚れるわたしに、奥山さんが至極あっさりと、「はい、じゃあ登りますか」と仰った。

案内されるままに灯台に踏み入れれば、目の前には螺旋《らせん》階段。階段は途中でハシゴに変わり、その先にあるのは灯台の心臓部であるレンズ室。それにしてもハシゴを登るなんて、どれだけぶりだろうと思いながら、頭から突っ込むようにレンズ室へと上がる。

次の瞬間、うわあ！　と心の底からの驚きの声が出た。

さして広くないレンズ室は、光の洪水だった。巨大なガラスがはめ込まれた窓からは一向に勢いの衰えぬ陽光が暴力的なまでになだれ込み、その果てに広がる空と海はあまりの明るさのせいで境目が霞んでいる。だが部屋の中央に金属の箱にはめ込まれて鎮座する巨大なレンズは、それらの光輝にも劣らぬ圧倒的なきらめきを放っており、まるで光と光が無音の戦いを繰り広げているかのようだ。

この灯台のレンズは、五秒間にひと光の間隔で輝き、その光は十九・五海里（約三十六キロ）先まで届くという。

「全国の灯台の中でこの間隔で光るのは、高知灯台だけというわけですか？」

「あくまでこの海域では、です。光り方のバリエーションはそんなに多くないので、同じ点灯間隔の灯台は、他の海域には当然存在します」

そううかがった瞬間、わたしは日本海や東北の海に面して建つ見知らぬ灯台を思った。

高知灯台と同じ間隔で光り、遠く隔たった——しかし確かにつながった海の安全を守る灯台を思った。

それらの灯台は同じ役割を担うがゆえに、決して近づくことが許されない。それは人間には想像が出来ないほど孤独で、しかし何者にも真似できぬ尊い営為ではないか。

外にどうぞ、と導かれて、レンズ室から回廊に出る。ちょこんと丸く黒いものが、手すり部分にくっついている。「これは何ですか？」と、つい身を乗り出して覗き込んでしまった。

「あっ、それはライブカメラです。例えば高知灯台を管轄する第五管区ならば、大阪灯台や潮岬灯台など、合計六ヶ所にライブカメラが設置されており、海の安全をリアルタイムで配信しています」

「待ってください。じゃあもしかしたら今、配信を見ていらした方がいれば、わたしの顔が大写しになってしまったかもしれないんですか」

「はい、もしかしたら」

苦笑いする奥山さんに平謝りする間にも、陽射しは容赦なく照り付ける。

今は空と海は疎ましいほどに明るく、眩い。しかし遮るものの一つとてない遥かなる海は、一旦日が傾けば、そして嵐が訪れれば、水面を渡る船に歯を剝いて襲いかかるだろう。

人の世はたやすく変わる。かつて職員が灯台守として常駐していた灯台は、今日ではすべて自動制御化され、人の住まう灯台はもはや存在しない。一方でＧＰＳやレーダーの発達に伴い、船が灯台に頼らずとも自船の位置を把握することも容易となった。

しかしそれでも海は変わらぬ広さで在り続けるし、船上の人々が陸を恋う心に変わりはありはしない。むしろ世の中が目まぐるしく変化する世であればこそなお、今も昔も変わらず存在する灯台は、海と人、過去と現在の境に立つ標《しるべ》なのだ。

見下ろせば、灯台の敷地の一部が区切られ、何やら工事が進んでいる。あれは、と尋ねたわたしに、

「あそこには展望台が出来るんです。もちろん、灯台の邪魔にならない高さのものですが、それでも高知灯台の展望を少しでも知ってもらえるように」

と、奥山さんがにっこり笑った。

実は海上保安庁は令和三年（二〇二一）より、灯台を地域のシンボルと捉えて活用しようとする自治体や民間団体を、「航路標識協力団体」として指定する制度を始めている。高知市は令和五年二月、県内で初めてこの団体の指定を受けた。展望台の他、高知出身の植物学者・牧野富太郎ゆかりの草花を植えた花壇を設置。イベントの際には、高知灯台内部に入れる機会を設ける予定とうかがった。

灯台に親しむことは、地域の歴史や文化、風土について学ぶことと同義。海と人、過去と現在を結ぶ灯台はいま、現在と未来を結ぶ新たなる役割をも兼ねようとしている。広大なる海を照らし続けてきた星々の輝きは、今なお我々に新たな光を注ぎ続けているのである。

取材を終えて灯台から失礼してもなお、眼裏《まなうら》からはレンズ室の眩さが消えなかった。あの光が支えてきた多くの命が、よりその輝きを増させているかに思った。

「澤田さーん」

と呼ばれて見回せば、車の側で編集者鳥原氏が手を振っている。

「柚子シャーベット買いましたよ！　少し涼みましょう！」

なにせ猛暑に加え、光の奔流の如きレンズ室のために、気付けば全身汗みずくである。ありがとうと叫んで振り返れば、灯台の先端がにょっきりと林の向こうに顔を出している。次なる灯台へと向かう我々の背を押すかのように、真白いその先端が陽を受けてきらりと輝いた。

空と海がつながるところ

室戸岬灯台〈高知県〉

高知県は開いた扇の形をし、太平洋に面した海岸線の長さが七百キロを超えるという、文字通り海とともに生きる土地だ。

土佐湾沖を流れる黒潮は、マグロやカツオを始めとする豊かな海の恵みをもたらし、水深百メートル以上の深海で育つ海の宝石・血赤珊瑚は、「トサ」という名称で世界的にも知られている。

高知灯台に別れを告げ、カメラマン橋本氏の運転で次なる目的地・室戸岬灯台に向かう間にも、右手には広々と太平洋が広がり続けていた。相変わらず空は雲一つなく晴れ上がり、ただただ明るい陽光の中に海と空がにじんでいる。あまりに眩すぎるその光景から、車の左側に目を移す。国道沿いのところどころには、辺りの建物よりもひときわ高い鉄骨のタワーがぽつりまたぽつりと建っていた。

「津波避難タワーですね。大きいなあ」

同行の編集者鳥原氏がぽつりと呟かれたのに、わたしもこくりとうなずいた。

海とともに生きるとはすなわち、海のもたらす災いに備えることでもある。南海トラフ地震の想定震源域に含まれる高知県では、発災時、沿岸のすべての市町村に十メートル以上の津波が押し寄せると予想されている。ことに県内西部の黒潮町では、最大三十四・四メートルという全国最高の津波想定がなされている。このため被害想定の発表以降、県内では津波避難タワーの建造が急ピッチで進められており、すでに百二十基あまりの整備が終わっている。

宝永四年（一七〇七）十月四日に発生した宝永地震は、南海トラフを震源とし、日本の記録の中でも最大級の地震だ。発災から約五十日後には、地震の揺れを引き金として富士山が宝永大噴火を起こしたことで有名だが、高知県では実は地震に伴って発生した津波により、二千七百名あまりもの死者・行方不明者が出ている。

津波避難タワーはいつか確実に再びこの地を襲うであろう災害から人々を守る、命の塔だ。それは同時に海という底知れぬエネルギーを持つ存在と人間が共存するための碑でもある。だとすればそれは、我々がこの旅で追いかけている灯台と、根底のところでつながった存在なのではなかろうか。

灯台とはなにか。

それは人を癒し、豊かな恵みをもたらす海と人間をつなぎ、海の安全を守る存在だ。一方で一旦、天地をどよもす大地震がこの地を襲えば、あの津波避難タワーは天に向かって佇立《ちょりつ》するその頂きに灯を点し、人々を安全な場所に導くだろう。

人が海とともに安全に生きるには、それぞれの土地に根付いた様々なともしびの加護が必要なのに違いない。その形の一例があの津波避難タワーなのだ。

そんなことをぼんやり考えているうちに車は東へ東へとひた走り、高知灯台を出発してから二時間後、左手に岩の目立つ小高い丘陵地、右手には白い波が岩を食む荒海が広がり始めた。紀伊水道と土佐湾を分ける室戸岬だ。

海から吹き付ける風が強いため、山肌に茂る植物はみな低く枝を這わせ、独特の樹形をしている。中でも目立つのは椿の藪で、澄んだ陽を照り返す葉のきらめきに、自分が南国にいるのだと改めて思った。

ふと見れば、そんな濃淡の目立つ緑のただなかに、高さ十数メートルはあろうかという僧形の像が建っている。左手に数珠、右手には錫杖《しゃくじょう》を持っているが、その面相は若い。

室戸岬は弘法大師・空海が悟りを開いた地とされており、彼が記した「三教指帰」を始め、この地と空海のゆかりを記す書物は数多い。

平安時代末期に記された『今昔物語集』の巻十一の九は、空海の生涯の記録だが、そこには日本各地で修行を行った若き日の空海が、

「土佐ノ国ノ室生門崎ニシテ、求聞持ノ行ヲ観念スルニ、明星、口ニ入ル」

と記されている。この室生門崎は現在の室戸岬。また求聞持ノ行は虚空蔵求聞持法とも呼ばれ、知恵を得るための修行だ。

というわけでここからご案内を下さったのは、室戸岬にほど近い最御崎寺《ほつみさきじ》の前住職の島田信雄さん。最御崎寺は四国八十八ヶ所霊場第二十四番札所で、正式な寺号を室戸山明星院《むろとざんみょうじょういん》という。

「お寺に向かう前に、まず弘法大師が悟りを開かれた場所にうかがいましょう」

と島田さんが入って行かれたのは、切り立った崖の下にぽっかりと口を開いた洞窟だった。訪れる人を落石から守るためか、入り口には鉄の防護壁が組まれ、更に防護ネットまで張られている。

「ここは御厨人窟《みくろど》といい、大師さまが生活をなさった場です。一方で隣にある神明窟《しんめいくつ》は修行の場だったそうです」

御厨人窟の奥行は二十メートルほどあるだろうか。すぐ側には国道が走り、自動車やトラックが結構な頻度で行き交っているはずだが、不思議に洞内にはそれらのエンジン音は

聞こえてこない。代わりに響くのは腹の底に響くような波の音だ。洞内に人工の明かりはなく、振り返れば入り口からの光が、まるで輝く道のように島田さんとわたしの足元に伸びていた。

島田さんによれば、空海が室戸を訪れた当時は現在よりも海面が高く、波打ち際は今日の国道付近にあった。つまり空海はこの洞内から、文字通り空と海だけを眺めて暮らしていたわけだ。

何かが視界をかすめた気がして、地面に目をやる。フナムシだろうか。小さく黒い影がさっと岩陰に隠れて行ったが、その密かな動きまでがどうと響く波音を際立たせている。

「つまり空海はこの音を聞いて、日々を送ったんですね」

空海は室戸での大悟を経て、延暦二十三年（八〇四）、遣唐使一行に加わって大陸に渡る。長安・青龍寺の高僧・恵果の弟子として研鑽を積んだ彼は、日本帰国の後は朝廷から厚い信頼を受け、真言密教の開基として活躍を始める。

その頃の室戸岬には、当然、海の安全を守る仕組みなどなかった。空海が生きた時代から約百年後、土佐国――つまり現在の高知県の国司として赴任していた貴族・紀貫之は、京に戻る際、現在の高知県南国市にあった国府を出発し、東へと海路を取っている。国府を出発してから約二十日後、現在の室戸市付近にさしかかった一行は、天候がすぐれなかったために「御埼（室戸岬）」を越えるのに、約十日間、風待ちをする羽目となった。その間の思い出として、貫之はある人が以下の歌を詠んだと記している。

――かげ見れば　波の底なるひさかたの　空漕ぎ渡るわれぞさびしき

（月がとても美しく、空にも海にも同じようにその光が映る夜。水面に落ちた光を見れば、波の底にも空があるようだ。そこを漕ぎ渡ることのなんと心細いことだろうか）

初めて通読した時には何とも思わなかった詠み手の不安が、室戸の地に立つと、まるでわがことのように身に迫ってきた。航海が潮任せ風任せだった昔の人々にとって、海がどれほど恐ろしく、また慈愛に満ちた存在と映ったことだろうか、と考えずにはいられなかった。

本日の目的地である室戸岬灯台は、岬の頂きに建つ最御崎寺にもほど近い。ではお寺にお参りをしましょうと、島田さんに促され、我々は境内に至る山道に踏み入った。

最御崎寺は明治五年（一八七二）まで女人禁制で、女性はこの道の途中までしか入ることが許されなかったという。明るい木漏れ日を受けながらたどりついた仁王門には、これまた弘法大師の像が建ち、参拝者を出迎えている。広い境内を横切って導かれた本堂でご本尊に手を合わせ、おや、とわたしは思った。

歳月に磨かれた広縁に、小さな穴が開いている。木造建築において、板の節部分が穴になることは珍しくない。ただ目の前のそれは何かがぽつぽつと穴を開けながら進んだかのように、点線状の跡を刻んでいた。

「ああ。それが何かは、後で灯台に行ったときにご説明しますよ」

そう仰る島田さんに従って、お寺の脇の斜面を下り始めた途端、目の前に大きな布を広げたかのように、突如、真っ青な海と空が広がった。先ほど上って来た緑の色濃き山道が信じられぬほどの光景に、いつの間にかずいぶん高台に到っていたのだと気が付いた。

その驚きを言葉に出す間もあらばこそ、すぐに行く手に真っ白な灯台が見えてきた。だがその瞬間にわたしの目を奪ったのは、どんぐりの帽子を思わせるちょこんと丸い灯台の先端でも、どっしりと力強いその形でもなかった。

灯台の中ほどはまるで温室のように室内が見え、そこに巨大な目にも似た薄緑色のレンズが輝いていた。午前に見学した高知灯台では、外からレンズを見ることはできなかったが、こちらの灯台はまずレンズが在り、その周囲に櫓《やぐら》が組まれたのではと思われるほど、そのガラスの煌めきは圧倒的だった。

そして何より、レンズが大きい。まるで一つ目の巨人がたたずんでいるかのようだ。

灯台の入り口には、高知灯台でもお目にかかった高知海上保安部の奥山正さんがお待ちくださっていた。迫力ある灯台に目を奪われっぱなしのわたしに、

「この室戸岬灯台のレンズは圧倒的でしょう。まずはレンズ室に上がりましょうか」

と奥山さんはにっこりなさった。

室戸岬灯台の初点灯は、明治三十二年（一八九九）。その歴史を物語るかのように、円柱状の塔内には雰囲気のある鉄製の階段が巡らされていた。レンズ室は四階で、三階の中央には鉄の小部屋が設《しつら》えられている。これは水銀槽式回転装置といい、かつてはここに落とされた錘《おもり》を人力で巻き上げることで、レンズを回転させていたという。

「わしが小さい頃は、巻き上げの手伝いをしたこともありますよ」

と、島田さんが側からお話しくださる。最御崎寺の息子として生まれた島田さんは、灯台そばの官舎に暮らす灯台守一家の子どもたちと同じ学校に通っていた。その縁もあって、幼少時からこの灯台にも出入りしていらしたそうだ。

特別に入れていただいたレンズ室は、外から見た印象そのままに光あふれる場所だった。その中央に鎮座するレンズはこの部屋を治める王者の如き存在感を有し、窓から差し入る陽光を受けて、四方八方にプリズム状の光を投げていた。

円形のレンズが向かい合った形をしたこのレンズの直径は、なんと二・六メートル。十秒でひと巡りして、日本最長の光達距離である二十六・五海里、つまり約四十九キロ先の海にまで陸地の存在を知らせる。国内にも数少ない、第一等フレネルレンズだ。

灯台そのものの形がシンプルな分、ますますレンズの存在感が際立つ。灯台が何のためにあるのかを改めて思い知らされずにはいられぬそのフォルムは、やはり海の安全を見守り続ける一つ目の巨人だ、とわたしは思った。

レンズ室の床は鉄格子状になっており、梯子でワンフロア下がってから振り仰げば、フレネルレンズからこぼれた光が床の隙間から差し込んでいる。その色とりどりの輝きに、光とはこれほどに美しいものなのか、と溜め息がこぼれた。

ただこの室戸岬灯台は受難の多い灯台で、昭和九年（一九三四）には室戸台風の直撃により、レンズが破損。更にその修理が終わって間もない昭和二十年（一九四五）には、太平洋戦争に伴うアメリカ軍の機銃掃射を受け、レンズと灯台に被害が出たという。

「ということは、先ほど御寺で見たあの痕は」

振り返ったわたしに、島田さんがええとうなずいた。

「その時、あおりを喰らって攻撃を受けた痕です。幸い死者は出ませんでしたが」

海の安全を守る灯台は、こと戦争という局面に至っては攻撃の矢面に立つ存在だった。当時、室戸岬灯台では植物等でカモフラージュを行ったが、見晴らしのいい高台に建つ灯台を隠し通すことは難しかったらしい。

言われて見回せば、壁のところどころには四角い補修跡があり、中にはご丁寧に「機銃掃射痕」と説明プレートがつけられているものまである。

室戸岬灯台は現在、毎年十一月の「室戸岬灯台まつり」の日に普段は立ち入り禁止の灯台内部の一部公開を行っている。その際の来場者によく分かるようにこういったプレートを作ったと、高知海上保安部の奥山さんがお教えくださった。

「灯台の隣に建つ石造りの官舎は、十一月の公開の際しか使われていませんが、ゆくゆくは常に人が立ち入ることの出来る施設に整備したいと考えています」

室戸台風と太平洋戦争によって損なわれた際も、室戸岬灯台は部分的な修復だけでその役割を果たし続け、今日に至っている。

つまりこの灯台の大部分は明治期に作られた当時の姿をそのまま残しているわけだ。しかも誰もが通ることができる道路から一段下った斜面に建っていることから、灯台の全容を気軽に間近に眺められる。その上更に全国でも稀な第一等フレネルレンズを備えているとは、何と贅沢な灯台だろう。

「さて、そろそろ点灯の時刻ですよ。見逃さないようにしましょう」

奥山さんの言葉で、灯台の外へと出る。すでに日は水平線の上にたなびきはじめた雲に隠れ、わずかな朱を含んだ夕映えが西の空を彩っている。今まで素晴らしい青天に恵まれてきたが、明日は少々天気が崩れるようだ。

刻々と空から光が去り、三日月が白々と藍色の空を切り取る。巨大なレンズが音もなくぼうと光り、あ、と思う間もなくゆるやかに回転を始めた。溶け入るように明るさを失った海に、閃光が走る。すぐにそれはぐるりと動き、我々の背後の斜面をも照らし出した。

これほどに眩い光が人家を照らせば、住人はおちおち寝ることもできぬだろう。斜面の中ほどというこの立地は、ただ光を遠くに放つだけではなく、灯台の役割を十全に果たすためでもあるのだ。

空が輝きを失えば失うほど、灯台の灯りはますます冴えを増す。黄色味の強いその力強い光に、わたしは『今昔物語集』の「明星、口ニ入ル」という一節を思い出した。

空海は空に輝く明星に仏の来迎を感じ、大悟を得た。一方で室戸岬灯台の灯りを目にする海上の人にとって、この閃光はただの光以上の意味を持って映ったはずだ。

そう思えば今、夜空を切り裂いて走る光が、過去と今を結ぶ大いなる道にも感じられてくる。

十秒に一度走るこの輝きの向こうには、今まさに海を渡らんとしている人たちがいる。その人たちの航海の安全を、そして海の安全が守られることを願い続けた灯台の来し方とこれからを思い、わたしはますます明るさを増すその光を見つめ続けた。

地上にある星
足摺岬灯台〈高知県〉

高知の灯台の旅も、いよいよ最終日。低気圧が近づきつつあるため、昨日までのような快晴ではない。それでも空にたなびく雲はまだ細く、陽射しもじりじりと強い。

本日訪れるのは足摺岬《あしずりみさき》灯台。高知市内からは高速を使っても、車で約三時間かかる。昨日、高知県の東端・室戸岬灯台にうかがったのに引き続き、今度は県の西端までの灯台を求めてのロングドライブだ。

昨日は往路・復路ともに、道の片側にずっと海が見えた。しかし今日は高速道路が内陸部を通っているため、辺りの風景はずっと山ばかりだ。

「カーナビによると、ここが足摺岬までの最後のコンビニみたいですよ。寄っておきましょう」

運転してくださったカメラマンの橋本氏がそう仰って、車を駐車場に入れる。店の前の道の果てには海が青く光っており、その明るさが三時間のドライブを経た目に懐かしく映った。

コンビニを出てたどりついた足摺岬駐車場のぐるりには、背丈の低い藪椿が一面に生い茂っていた。艶やかな葉の輝きが、この地が高知県の中でも極めて温暖であることを物語っている。

「こういう椿は、いかにも南国に来たって感じですねえ」

呟いたわたしに、同行の編集者鳥原氏が「えっ、そうなんですか」と目を丸くした。

「えっ、そう思いません？」

とびっくりして尋ね返したが、考えてみれば鳥原氏は鹿児島県出身。京都生まれ京都育ちのわたしとは違い、南国育ちの鳥原氏には椿の群生はまったく日常的な風景なのだ。同じ景色でも見る人によって受け止め方が違うと気づかされた。

足摺岬は古くは足摺埼《ざき》とも呼ばれていたが、これは一説には、昨日からあちこちでお目にかかっている弘法大師・空海に由来する。唐で修行を積んだ帰りの船中、空海が有縁の地を求めんがために法具・五鈷杵《ごこしょ》を投げたところ、それがこの地に突き立った。空海が五鈷杵を追って、山嶺断崖に隔てられたこの地に足を引きずり引きずりやってきたため、「足摺」の地名がついたというものだ。

足摺岬駐車場の真向かいには、四国八十八ヶ所霊場第三十八番札所・金剛福寺が建つ。弘仁十三年（八二二）、嵯峨天皇の勅願によって建立された古刹だ。

ちなみに高知は四国の他県に比べて、八十八ヶ所霊場同士の距離が遠い傾向がある。またひたすら海岸線ばかりを歩く道も多く、「修行の道場」の異名を持つという。金剛福寺はそんな高知でも、両隣の札所からの距離がもっとも遠い寺で、三十七番札所・岩本寺からは約九十キロ。三十九番札所・延光寺からも約六十キロ離れている。空海でなくとも、足を引きずりつつ向かわずにはいられぬのが、この地というわけだ。自分が車で揺られるだけでたどりつけたことに、つくづく感謝せねばなるまい。

岬先端に建つ足摺岬灯台までは遊歩道が整備されており、椿の藪のそこここに空海関連の伝承が残されている。

今日は地元、土佐清水市観光ボランティア会の中山靖子さんが、そんな足摺七不思議をご案内下さるという。もっとも「七不思議」とは言葉の綾《あや》で、実際には一十以上の珍物奇景があるそうだ。

遊歩道に一歩踏み入った途端、日光が遮られ、冷気が肌を撫ぜる。藪椿を含め、辺りの木々が軒並み背丈が低いのは、太平洋から吹き付ける風の強さゆえだろう。

「まず、これが足摺七不思議の中でももっとも有名な亀石です。亀そっくりでしょう？

でも、これは完全に自然の石なんですよ」

亀石と言えば、関西人のわたしはすぐ奈良県明日香村にある同名のそれを想像する。あちらは伏せた亀の形をしているが、こちらは首を上げた亀を横から見た形に近い。

「この亀石はこれまた七不思議の一、空海さまが海中の岩場に渡るため、海の亀を呼んだ亀呼場《かめよびば》の方角を向いていています。それとこれは、ご夫婦の方によくお話しするんですが」

中山さんが一瞬言葉を切った。わたしは好奇心に駆られ、「何でしょう？」とつい合いの手を入れた。

「この亀の頭を撫でると、男性は元気になるそうです」

下ネタかい！　と関西弁でつい突っ込みそうになった。ただここは本来、空海ゆかり――ということは仏教ゆかりの地だ。邪淫は御仏の戒むるところ。ならば「男性が元気」は仏教の教えに背く話だが、南国のエネルギー溢れるこの地で聞くと不思議に違和感がない。

中山さんはその他にも、空海が爪で「南無阿弥陀仏」と彫ったという「爪書き石」や、小銭を落とすと小鈴にも似た音色を立てる「地獄の穴」をご案内くださった。「亀呼場」では、二人して「おかめさーん！」と叫んでウミガメを呼びもした。残念ながら小亀一匹、出て来てはくれなかったけれど。

もっとも今日、足摺岬が観光地として有名なのは、決して空海一人のおかげではない。

――蒼い怒濤がはてしもなくつづいて、鷗が白い波がしらを逭ってとんでいた。砕け散る荒波の飛沫が崖肌の巨巌いちめんに雨のように降りそそいでいた。

波が激しく断崖を食む足摺岬をこう描写したのは、昭和期の小説家・田宮虎彦だ。彼の代表作の一つ『足摺岬』は昭和二十九年（一九五四）、吉村公三郎監督・木村功主演で映画化され、この土地の名を全国に轟かせるとともに、多くの観光客を招いた。もっとも、足摺岬にやって来た自殺志願者の帝大生が、宿の人々や同宿の遍路たちとの触れ合いを通じて自らの生を取り戻すというそのストーリーのおかげで、そこには自殺の名所としての知名度が含まれてしまったのも事実ではあるが。

当節、田宮虎彦の名は決して人口に膾炙《かいしや》しているとは言えない。わたしの手元にある『足摺岬』は昭和二十八年発行の新潮文庫版だが、これはすでに絶版で、紙の書籍かつ新刊で本作を読むことはできないらしい。しかしそれでも彼の作品が与えた影響だけは残り続け、足摺岬の名は日本人の心に深く刻み込まれている。

土地を知るとは何か。我々は数々の情報や知識によって、まだ訪れたことのない地、はるか彼方にある地について知ることが出来る。しかしその情報・知識はどこから来たかと考えれば、それは先人たちの経験や歴史に由来する。

我々は今日、その土地が経た長い時間のおすそ分けによって、各地を理解しているのだ。

「ほら、見えて来ました。あれが足摺岬灯台です」

中山さんの声に目を上げれば、蘇鉄やトベラが生い茂る藪の向こうに、真っ白な灯台が佇立している。急いで前庭を横切ろうとして、わたしは足を止めた。「田宮虎彦先生文学碑」と刻まれた大きな碑が、そこに据えられていたためだ。その作品が読まれることは減ろうとも、土地の記憶はいまだこの地に根付いている、と思った。

灯台の前には、昨日からずっとご案内をいただいている高知海上保安部の奥山正さんと、第五管区海上保安本部交通部企画調整官の土居健治さん。そしてもうお一方、初めてお目にかかる男性がたたずんでいらした。

「足摺岬で民宿を営んでいます、松田正俊です」

にこやかに仰るかたわらから、奥山さんが「僕たちの先輩です」と言葉を添えて下さった。

「松田さんは以前、ここの灯台守でいらしたんです。今は海上保安庁を定年退職なさり、足摺に戻っていらして」

「じゃあ、元々こちらの方でいらっしゃるんですか？」

つい尋ねると、松田さんは少し照れた様子で、

「まあ、その話は追々」

と、わたしを灯台へと導いて下さった。

足摺岬灯台の初点灯は大正三年（一九一四）。昭和三十五年に改築された現在の灯台は先端部分がずんぐりとして、レンズ室を囲むバルコニーから地面にかけ、帯状の壁が連なっている。この独特な形は地域発展や世界平和への願いを込め、宇宙を月指すロケットを模《かたど》って選ばれたもの。ただ、本灯台の特徴はそれだけではない。

さすがは元灯台守だけあって、松田さんは慣れた様子で細い鉄のハシゴを登って行かれる。おっかなびっくり、手すりにすがるわたしとは大違いだ。

灯台の高さは、十八メートル。だが断崖絶壁の上に建ったために、海面から灯火部までの高さは六十メートルを超える。そんな恵まれた立地ゆえ、足摺岬灯台が守るべき海の範囲は広く、光度四十六万カンデラのレンズの光達距離は三十八キロ。日本でも屈指の大灯台だ。

松田さんに勧められて外に出れば、吹き飛ばされるんじゃと不安になるほど、風が強い。ひゃああと我知らず洩れた声までが、あっという間に海の彼方へと吹き飛ばされていく。

わたしは決して高所恐怖症というわけではない。しかし己が今、どんな場所にいるかを肌で体感し、ついつい手すりを握る手に力が入った。

足許を見下ろせば、波が激しく岩を叩いている。なにせ海面まで、約六十メートル。二十階建ての建物から下をのぞいているようなものだ。だが海面から目をもぎ離し、海へと長く突き出した足摺岬側を振り返った瞬間、わたしの恐怖は吹き飛んだ。凶暴なまでに明るい緑が岬を覆い、そのところどころに金剛福寺の伽藍や駐車場が顔を出している。くすみ始めた夏陽に照らされた緑の翻波に、思わず目が釘付けになった。

「あのあたりに我々の宿舎がありました。今はもう、緑に飲み込まれてしまいましたが」

と、岬の一角を指さす松田さん。もっともあまりに風が強いせいで、「この光景を毎日見てお過ごしだったんですね」と聞くわたしも、そうですとお答えになる松田さんも、半ば怒鳴りながらのやりとりだ。

松田さんが足摺岬灯台にいらした頃には、この土地には気象台の観測所もあった。その跡地もいまは松田さんの宿舎同様、繁茂する南国の植物のただなかに埋もれているという。

プライバシーの問題があるので詳述は避けるが、松田さんは実は足摺のご出身ではない。初任地だったこの地にゆえあって縁が生じ、海上保安庁職員として全国を転々となさった後、足摺岬に戻られたそうだ。

「僕たちは今日はこの後、松田さんの宿に泊まります」

奥山さんと土居さんが仰るのに、いいなあとつい声が出た。

次回、この地にうかがった時は必ずお世話になろうと、松田さんの宿のお名刺を頂き、大切に名刺入れにしまい込んだ。

灯台を一望できる足摺岬展望台に場を移せば、空には雲が目立ち始めていた。明日はいよいよ雨になるのだろう。空には白雲黒雲が入り混じり、強い風がそれらの形をどんどん変えていく。そんな光景のただなかにあって、端然と空を指す白亜の灯台のたたずまいは気高くすらあった。

約四十年前に作られたこの展望台は、長い岬の先端に位置し、ぐるりと見渡す限りの海が望める。断崖を一つ挟んだ場所には現在、バリアフリーに対応した新たな展望台が築かれており、間もなく開放が始まるそうだ。

足摺岬はこれまで、あるいは宗教の場として、あるいは観光地として、多くの人々を受け入れてきた。

灯台守の方々の宿舎がすでに南国の緑に飲み込まれ、また新たな展望台が作られるように、灯台を取り巻く環境は日々刻々と変化する。

「今のこの展望台も素晴らしいですが、あちらからの眺めも素敵なのでしょうねえ」

呟く間にも、幾隻もの船がしきりに沖を行き交ってゆく。展望台備え付けの双眼鏡で眺めれば、肉眼では一つまみほどの大きさと見えたそれは、巨大なタンカーや山ほどの荷を積載したコンテナ船だった。大きいはずの船影があまりに小さく映る事実に、海の広大さをつくづく思い知らされる。

陸地にいるとつい忘れがちになるが、我々の生活は諸外国との貿易によって――遥かなる海を越えてやってきた様々な品によって築かれている。そして今なお多くの船舶が海を行き交い続けられるのは、ひとえに長年、灯台が絶えることなく海を守り、その経験を今日に受け継いで来ればこそだ。

土地を知るとは、そこに生きた人々の思いに触れる行為に等しい。

西洋式灯台が初めて日本に出来て、百五十余年。その役割は様々な技術の進化のおかげで変化し、運用方法も大きく変化しつつある。しかしそれでも灯台を必要とする人の思いは――そこに灯台を求めた歴史は決して変わりはしない。いや、むしろ激しく変化する世の中にあればこそ、灯台はその土地の記憶を刻み、過去と現在、そして未来を変わらぬ光で結び付け続ける。そしてそれこそが我々が灯台を訪れる意義にして、灯台を求めずにいられぬ理由なのだ。

「その明りを遠くから見ると星に似ている」

プリニウスはかつて灯台の灯をこう評した。

異なる時間、異なる場所にあろうとも、同じ一つの星を仰ぐことで、人は誰かと思いを共有することができる。

また灯台に行こう、とわたしは思った。かつて確かにそこにいた人を、その土地の記憶について知るために。

灯台を巡る旅は、むしろこれからなのだ。

高知灯台
（高知県高知市）

明治16年に高知県で最初に設置・点灯され、昭和46年に桂浜に隣接する現在の場所に移築。新たな観光スポットとして令和５年12月から展望台のある灯台前広場が一般に公開されている。

室戸岬灯台
（高知県室戸市）

室戸岬の先端（標高151m）にあり、明治32年以来、航海者たちの安全を照らす水先案内人として活躍している。「恋人の聖地」の認定を受けており、その銘板が展望台に設置されている。

足摺岬灯台
（高知県土佐清水市）

海面から灯火部まで60メートルの灯台。高さ18メートル。わが国でも最大級の灯台のひとつ。老朽化のため昭和35年にロケットをイメージして改築された。

潮岬灯台

阿部智里

Chisato Abe

1991年群馬県生まれ。
2012年『烏に単は似合わない』で松本清張賞を
史上最年少で受賞しデビュー。以降続く「八咫烏」シリーズは、
24年吉川英治文庫賞を受賞、NHKでアニメ化もされた。

三重県
安乗埼灯台
和歌山県
樫野埼灯台
潮岬灯台

閃光に巡り合う

潮岬灯台〈和歌山県〉

「阿部さん、灯台にご興味はありませんか？」

そう、いつもお世話になっているオール讀物の編集長に声を掛けられた瞬間に頭に浮かんだのは、大学の卒業旅行で行った出雲のことだった。

この時一緒に行った友人達は、こいつらと遊びに行くと必ず悪天候に見舞われるという曰《いわ》く付きのメンバーであった。当時は毎度微妙に面子《メンツ》を変えて遊びに行き、誰が「雨女」かを特定するという、誰も得をしない魔女裁判が行われていたのだ。

そんな中で私は「①京都旅行で台風が直撃して帰りの新幹線が止まってしまった」「②大阪・兵庫旅行でまさかの大雪に見舞われて地元に帰れなくなった」という、規模のでかいリーチ状態にあった。「いや流石に三回目はあるまいて！」と笑っていたのだが、最終日に急に台風が進路を変えて寝台特急が止まってしまうというまさかのビンゴを叩き出し、

「阿部で確定だな」と友人達から肩を叩かれてしまったのだ。

そんな、回想するにほろ苦さを感じる旅行ではあったのだが、純粋に「綺麗だったなぁ」と思い出されるのが灯台なのであった。

地元のタクシー運転手さんに連れて行ってもらった、出雲日御碕《いずもひのみさき》灯台である。

到着したのはちょうど日の落ちる頃であり、本来真っ白い灯台が鮮やかなピンク色に染まっていたのをよく覚えている。風が強くて空気が澄んでいたものだから、余計に光が鮮烈に感じられたのだろう。海なし県群馬出身の私は妙にテンションが上がってしまい、画質の悪いガラケーで何枚も写真を撮ったものだった。

まあ、今思うとあの強い風は台風の前触れだったのだろうが……とにかく、私の中に唯一ある灯台の記憶というものは、夕日に優美に染まるあの光景なのだった。

「えーと、興味があるかというご質問の意味が『詳しいですか』という意味なら確実に『いいえ』なんですが、『行ってみたいですか』という意味なら『はい』になりますね」

こういう質問をされる時は、たいてい何か裏がある。多分、ただの世間話ではなかろうなと思ったのだが、案の定、私の返答を聞いた編集長は満足そうに頷いたのだった。

「じゃあ、灯台巡りに行きましょう！」

そこで初めて、私は「海と灯台プロジェクト」の存在を知らされた。

現在、日本には約三千基もの灯台がある。

近代化以前、日本の海は「ＤＡＲＫ　ＳＥＡ」と呼ばれ、その暗さと海難事故の危険性から、開国とほぼ同時に灯台の設置が急務とされた。俗に言うお雇い外国人の力を借りて、全国各地にたくさんの灯台が建てられたのだ。

しかし現在ではＧＰＳなどを始めとする航海技術が発達し、灯台は航路標識としての役割を終えつつある。このまま廃れるに任せるのはあまりに勿体ない。その存在意義と価値を正しく伝え、どんどん利活用していこう――という取り組みらしい。

プロジェクトでは、「灯台が果たしてきた地域固有の役割や機能、存在価値を物語化できていない」という課題があり、「じゃあいっちょその手の専門家に灯台をまわらせて物語化してもらおうじゃないの」という感じで、作家に紀行文を書かせることになったそうだ。

説明を受けて、私は困惑した。

「いや、お話を頂いたことは非常にありがたいし光栄なんですが、その流れでどうして海なし県民の私に白羽の矢が立ったんです……？」

「阿部さんの他には、安部龍太郎さんと門井慶喜さんが全国を回られる予定です」

「ますます私が選ばれた理由が分からんのですが」

遅まきながら雑に自己紹介をすると、私はファンタジーを得意とする作家である。

紀行文の依頼というのも初めてであり、灯台との関わりというものも、冒頭で書いた卒業旅行の思い出が全てだ。どう考えてもミスチョイスでは、と慌てる私に、編集長は「だからいいんじゃないですか」とあっさり言ってのけた。

「阿部さん、今は灯台のこと全然ご存じじゃないでしょう？　そういう、灯台に全然馴染みのない読者さん向けのものを書いて下さい。こちらも、他のお二方と全く違ったアプローチの紀行文になることを期待してお声がけしているので」

この言葉は目から鱗《うろこ》だった。そうか、ミーハーな視点が許されるなら、じゃあそういう紀行文を書いてみようか、と。

そんなこんなで、生まれて初めての灯台巡りをすることになった。

普段書いている作品が「八咫烏《やたがらす》シリーズ」と銘打っているご縁もあり、私が伺うのは、和歌山県から三重県にかけてのエリアとなった。和歌山県が熊野三山は、言うに及ばず八咫烏の聖地である。羽田から南紀白浜へは空路で、そこから先は車で鳥羽駅まで向かうという、二泊三日の旅程が組まれた。

時は十月。風は強いが、この時期にしては驚くほど暖かい南紀白浜空港で集合した旅のメンバーは、私を入れて四人だった。

文藝春秋から、アテンドを買って出てくれた優秀な若手女性編集の嶋田美紀さん。

この長い道のりを運転してくれるという、心優しき頼れるベテランカメラマン橋本篤《あつし》さん。

そして、海と灯台プロジェクトから「灯台に詳しい」という女性脚本家の山内晶《やまのうちあき》さんがおいでになり、道中、灯台の説明をして下さることになったのだった。

山内さんとはこれが初対面だったのだが、彼女の創作に対する姿勢には共感するところが多く、灯台についての知識もめちゃくちゃ豊富で、私にとっての灯台をぐっととっつきやすいものにしてくれた。

私なりにちょっとだけ灯台について予習をしてきたつもりだったのだが、そんなにわか知識に合わせ、これから向かう灯台がどういった特徴があり、「灯台好き」の間でどのように評価されているのか、移動中に面白おかしく紹介をしてくれたのだ。

「これから向かう灯台は、潮岬《しおのみさき》灯台といいます。本州最南端の灯台で、もともと神社があったのですが、そこをどいてもらって建設した灯台です」

「わざわざどいてもらったんですか？」

「わざわざどいてもらったんです。灯台って、もともと神社があった所が多いんですよ。だから潮岬灯台の近くには立派な神社があって、その縁あって潮岬灯台を擬人化した際には神官っぽい装束を着ているキャラクターデザインになりました」

「灯台の擬人化があるんですか！」

「灯台の擬人化があるんです。ちなみにそのボイスドラマの脚本を書いたのは私です」

すごい人が来てしまった、と思った。

灯台見学の後で神社にもお参りしましょう、などと言いながら、車に揺られること二時間弱。ようやく着いた時には、すでに日が傾き始めていた。

この日は、晴れてはいたものの風は強く雲は分厚く、日が出たり陰ったり、といった具合の空模様だった。カメラマン橋本さんとしては日光のある撮影が望ましく、外の様子を見ながら見学をさせてもらうことになったのだった。

真っ白く聳《そび》え立つ灯台の前では、既に田辺海上保安部のお二人が我々を待ち構えていた。実用性の高そうな紺色の制服姿でびしっと立っている姿に、それだけでこちらの背筋も伸びてしまう。

海上保安部の方ということは、普段、海の安全を守る仕事をしていらっしゃるということだ。取材とはいえ、我々はその大切なお仕事を邪魔した上、土足で神聖な仕事場に踏み込む形になってしまう。決して良い顔はされないのではと、正直なところ少し緊張していたのだが……。

「阿部さん、灯台を停電させてみませんか？」

全くの杞憂であった。

お二人とも、とっても優しかった。灯台の隅から隅まで丁寧に案内して下さった上に「ええっ、そんなことまで！」と、案内して頂いているこちらがぎょっとするような体験までさせてくれたのだった。

極めつけが、機械室での「停電させてみる？」発言である。

「停電って、流石にそれはまずいのでは……」

恐れ戦《おのの》く私に笑って種明かしされたのは、一か月に一度程度行われる、非常用電源がきちんと機能するかどうかの確認作業ということであった。

おっかなびっくりレバーを引き、周囲が一気に暗くなった後、オイルの匂いと共に地鳴りのような音がして非常用電源が点くまでの間、本気でドキドキしてしまった。

潮岬灯台は、明治二年（一八六九）に着工し翌年仮点灯した、記念すべき日本最初の洋式木造灯台だ。

設計は、日本の灯台を語る上で欠かせないリチャード・ヘンリー・ブラントンさん。山内さん曰く「中々一筋縄ではいかない御仁」で、スコットランドの職場で大喧嘩したのをキッカケに一念発起して日本にやって来て、約七年半で二十六基もの灯台を手掛けた、まさしく「日本の灯台の父」なのだという。

当時建てられた八角形の木造灯塔は明治十一年（一八七八）に円形の石造りに建て替えられ、私達が中に入ったのは、この二代目のほうだった。その石材は地元、古座川町産の宇津木石が使われているらしい。

灯塔内部に足を踏み入れた瞬間、キャンプ場のバンガローのような、古い木の香りがした。螺旋《らせん》階段を黙々と上り、いいかげん息が切れたところで、外の回廊部分に出られる部分に行き当たる。観光客はここで回廊をひとまわりして引き返すしかないのだが、今回は特別に、灯台の心臓とも言えるレンズが設置されている灯室まで入れてもらえた。

「頭をぶつけないよう気を付けて下さいね」

気遣ってもらいながら梯子を上り、恐る恐る灯室に顔を突っ込んだ瞬間、思わず「うわーっ」と声が出た。

壁面は、まるでステンドグラスのように三角形を繋ぎ合わせる形で金属の骨組みにガラスがはまっており、広大な海が一望出来た。遮蔽物は一切なく、見渡す限りの海、海、海だ。

しかし何より圧巻だったのは、部屋の中央にどんと構えた閃光レンズである。

灯台で用いられるフレネルレンズは、小さな光を最大限に活用するために計算され、同心円状にカットされたレンズだ。予習で写真を見ていたのだが、実物の大きさと迫力はとんでもない。レンズのカットはクリスタルガラスのようでめちゃくちゃ綺麗なのだが、「綺麗！」よりも「でっかい！」と叫びそうになってしまった。

構造自体は、ガラスの蓋をした銀色のお椀を横にしてセーターで回転させるような仕組みで、このガラスの蓋が映画『風の谷のナウシカ』に出てくる王蟲《オーム》の目くらいある。

それに比べて、光源となる電球は掌サイズだ。この小さな光がフレネルレンズによって最大化され、十九海里（約三十五㎞）先まで届くのだというから驚きだ。

抜群に美しい海を背景にして大迫力のレンズが鎮座する光景は、なんだか現実感がない。形は全く違うのだが、その浮世離れした空間は、どこかプラネタリウムを思わせた。

「日が落ちてからは本当に綺麗ですよ。夜の光景を見て頂けないのは残念です」

ここでも海上保安部の方の大サービスは健在で、そう言いながら、日が暮れる前なのに実際に光を灯してくれた。

その瞬間、ぶわっと灯室内の温度が上がるのが分かった。

灯室の壁はガラスの部分と金属の部分があり、一定の速度で回転することで金属の部分で光が遮られ、外から見ると十五秒に一回光るようになっているらしい。

そんな説明をしながら、光源となる電球が切れた時、自動的に電球が交換される装置も実際に動かしてくれた。それから、壁に映った光に蛇の目の影が出来ているか確認しつつ、レンズと光源が適切な位置に来るようセッティングする様子も見せてくれた。

これも手作業なのか、大変だなあと思っていると、「もうすぐこれも変わってしまうんですけどね」とさらりと言われた。

「フレネルレンズやめちゃうんですか？」

「来年には最新型のＬＥＤに替わるんです。そう思えば、良い時にいらっしゃいましたね」

うまく地上へ下ろすことが出来れば展示されるかもしれないが、今のところはどうなるか分からない。もしかしたらこれが見納めになるかもと言われ、まじまじとレンズを見つめた。

私はもともと、キラキラした宝石が大好きだ。きっと、フレネルレンズを見たら「カットが綺麗～」などと思うものだと想像していたし、実際、美しいと思った。

しかし、特大のレンズを目の当たりにして最初に思ったのは、これは伊達や酔狂で作れるものではないぞ、ということだった。

石造りの塔だってそうだ。これを造るのに、一体どれだけの労力がかかったのだろう、と。

それから、灯台のあちこちを見て回りながら、色々な話を聞いた。

海にも船のための「道」があること。岩礁を避けるために、赤白緑の灯りを使うこと。

かつて、灯台には気象観測などの仕事もあったこと。

灯台守の仕事ってこんなにあったのか、と次から次に出て来る仕事の内容に呆然としてしまった。

最後に、かつて使われていた官舎の中を見せてくれた。今は使っていないですが、と言いながら電気を点けてくれたそこには、部屋をいっぱいに埋め尽くすほどの機械が並べられていた。

それらを眺めているうちに、自分の中の灯台の認識が、じわじわと変わっていくのを感じた。

正直なところ、灯台巡りが決まった時、私は綺麗なランドマークを見て美味しいご飯を食べられるなんてラッキー、程度に思っていた。だが、実際に灯台にやって来て、その役割を知るに従い、灯台はただ目立つ建物という意味での「ランドマーク」というだけではなく、人の安全を守るため、海に生きる人々が積み重ねて来た歴史の「ランドマーク」でもあったのだと気付かされた。

灯台を設置しなければならない場所は、いずれも海の難所だ。

もともと神社があった場所に、灯台がある意味。祭祀の場となっていた理由には、神頼みにならざるを得ない実情があったのかもしれない。

ＧＰＳで役目を終えたと言っていたけれど、逆に言えば、間違いなくこの灯台はつい最近まで、命を守るための努力の結晶で、最先端の形であったのだ。

そういうことに、今更ながら思い至ったのだった。

大きな悲しみの先に

樫野埼灯台〈和歌山県〉

灯台は、海の安全の歴史におけるランドマークでもある。

どこか厳粛な気持ちで迎えた二日目。小雨の降りしきる中、我々が訪問したのは、日本で海の安全を考える上で外すことの出来ない灯台である。

その名も、樫野埼《かしのさき》灯台。

「エルトゥールル号遭難事件」と聞けば、多くの方がピンとくるのではないだろうか。

明治二十三年（一八九〇）九月十六日、親善のために日本を訪れていたトルコ（当時はオスマン帝国）の軍艦エルトゥールル号が悪天候の中で岩礁に激突し、六百人以上の乗員が嵐の夜の海に投げ出されてしまった。生き残ったのはわずか六十九名という、非常にいたましい大事故である。

その際、事故現場である大島の住人達が見返りを求めずに遭難者を手厚く救護した話がトルコにも伝わり、後の日土関係に大きな影響を与えた。昭和六十年（一九八五）、イラン・イラク戦争が激化してイランに攻撃の危機が迫る中、取り残された日本人をトルコが救援機を出して助けてくれたのもそういった背景があってのことであり、大統領の下した日本人を助けるという決断を、トルコの人々は咎《とが》めるどころか賞賛してくれたのだという。

そういった話を、私は高校時代の歴史の授業、テレビ番組や映画などで聞き齧《かじ》っていた。実際、樫野埼灯台とトルコの深いつながりは、到着した瞬間から明らかであった。駐車場から樫野埼灯台に向かうまでのわずかな間にも、トルコ記念館、トルコ絨毯やトルコアイスの幟《のぼり》の立ったお土産屋さん、トルコ軍艦遭難慰霊碑、トルコ共和国初代大統領ムスタファ・ケマル・アタテュルクの騎馬像がずらりと並んでいるのだ。

私は、こうした過去に多くの方が亡くなった現場を、そこを目的として訪れるのは初めてのことだった。まずはトルコ軍艦遭難慰霊碑にしっかり手を合わせてから、白くぽってりとした形の灯台へと向かった。

この日、樫野埼灯台を案内してくれたのは、前日と同じく田辺海上保安部のお二人と、南紀串本観光協会、串本町役場の方々、そしてテレビ和歌山のスタッフさんであった。

まさかのテレビ取材にビビり倒していたのでちゃんと話せたかは記憶が定かでないが、

地元の方々がこの灯台を大切にしていることはびんびん伝わって来たので、気を引き締めたのを覚えている。

最初に案内された灯台の旧官舎では、かつてエルトゥールル号の遭難者の救護に当たった人々の子孫である、地元の語り部の方が我々を待ち構えていた。

「分からないことがあったら、何でも訊いて」

快活にそうおっしゃった語り部の方は、旧官舎を案内しながら、色々なことを教えてくれた。

官舎も灯塔も、台風の多い土地柄ゆえ、耐久性を考えて石造りになったこと。地元の石を使ったものの、海岸から建設予定地までは一キロもあり、人力で引っ張ってこなければならなかったこと。イギリスからの技術者と百五十名もの石工によって建設されたもので、石工の方々は泊まるところがなかったため洞穴で生活をしなければならなかったこと。日本とイギリスでは材木の質が違うので、ドアの木目は全て手作業でわざわざ描き足されたものであるということ。

それを語る口調にはこの土地ならではの波のような抑揚があり、まるで歌でも聞いているかのようだった。

「エルトゥールル号の事件で、遭難者が見つかった際のお話は伝わっているのですか？」

予習で、事故を日本側が把握したのは、灯台に遭難者が助けを求めてやって来たからだと聞いていた。その時の様子を聞きたいと思って質問したのだが、答えは意外なものだった。

「最初に気付いた人はね、台風が去った後、何か良いものが流れ着いていないか、朝に浜辺に出たんですよ」

てっきり、遭難者を灯台で迎えた灯台守の話が来ると思っていたのだが、考えてみれば当然、語り部の方の視点はまさに島民の方のものだった。

そのお話は、文字では到底見えなかった生々しさにあふれていた。

「人知れずの道を何かないかと思いながら浜に下りてゆこうとすると、茂みから『わあっ』て人影が飛び出て来た。すわ何事かと、咄嗟《とっさ》に鉈《なた》に手をかけたんだけど、よくよく見ると、怪我をしている。しかも外国の人だ。助けを求めているんだと気付いて慌てて鉈から手を放すと、その人が、こっちに来い、こっちに来いとしきりに服を引っ張る。するとね、あなた、ここに来る前に遊歩道を通ったでしょう？　あそこの崖を見ましたか？」

「はい」

お土産屋さんや立派な騎馬像の反対側は切り立った断崖に面していて、ちょっと覗き込んだだけで足が竦《すく》むほどの高さだった。

「あそこはね、当時はまだ今みたいに木も生えていなくて、岩肌が剝き出しになっていたんです。そこを、しきりと指さすの。崖下を見下ろせば、お亡くなりになった人が、たくさん流れ着いている……」

台風一過の朝の光の中、その光景はどれほど凄惨なものだっただろう。

それを最初に見た島民の方の気持ちも、仲間を助けてくれと訴えたかった遭難者の方の気持ちも、私の想像の及ばぬ領域にあったことは間違いない。

「その前、夜のうちにも、灯台の灯りを目指して、怪我人が十人くらいここまでやって来たらしいんですよ」

「嵐の夜に、あのとんでもない絶壁を登ってきたってことですか！」

そうだよ、本当に必死だったんだろうね、と語り部の方はしみじみと言う。

「怪我人がやって来た時、灯台守の人はびっくりして、でも今みたいなちゃんとした救急セットなんかないからさ、ヨモギとかゲンノショウコとか、手元にあるもので一生懸命手当てしたわけ。でも、何が起こっているかなんかさっぱり分からない。朝になって島の者が知らせたことで、ようやく大きな難破があったって気付いたんだ」

もはや私は、ろくに相槌も打てなかった。

黙ってしまったこちらを見て、語り部の方は、「でもね、悲しい話ばかり残っているわけじゃないんですよ」と言う。

「助けられた人の中にすごく大柄な人がいてね。着物を貸してあげたんだけど、つんつるてんになっちゃったんだって。しかもすごい大食漢で、作ったおにぎりを片っ端から全部食べちゃうんだな」

　ここで、思いがけず大活躍したものがあったという。

「さっき、官舎が建てられた時のことをお話ししたでしょう。その時活躍したイギリス人技術者が帰国する際にね、フライパンを島の者にくれたんです。その後はずっと倉庫にしまいっぱなしになっていたんだけど、エルトゥールル号の事件が起きて、それを引っ張り出してきた。ほら、やっぱりみんな、食べ慣れたものが恋しいでしょ？　鶏を醬油で煮炊きしたものを出したら、とっても喜んでね、うまい、うまいって言って食べたらしいよ」

　最初に聞いた話が伏線として上手につながって、見事なオチまでついてしまった。

　語り部の方に挨拶した後、我々は官舎の隣にある灯台へと入った。

　樫野埼灯台は、前日訪れた潮岬《しおのみさき》灯台と同様、ブラントンによる日本最初期の石造り灯台だ。だが、すんなりとしたフォルムで背も高かった潮岬灯台よりも随分と小さく、どこか可愛らしい印象で、すぐ隣に螺旋階段まで付設されている。

　本来なら、観光客はこの螺旋階段でしか上り下り出来ないらしいが、今回は（前日に引き続き）特別に灯塔の中まで入れてもらえた。

この灯台は、もともと日本で最初に反射器レンズを使用した回転式灯台であったという。

この反射器レンズはフレネルレンズとはまた違った形で、十個の反射鏡が五つの平面に設置され、二分半で一回転する仕組みだったらしい。保守管理が大変だったが、フレネルレンズよりも地震に強いとされていたので、日本の風土を鑑みて採用されたと見られている。

その後、扱いの難しさや価格の高さなどの理由でフレネルレンズに取って代わられ、現在の樫野埼灯台にはフレネルレンズと、それを動かす水銀槽式回転装置が残っている。

この水銀槽式回転装置というのは、重いレンズを水銀の入った水槽に浮かべることで、小さな力で安定して光源を回転させる装置である。

今は使われていないが、かつてはこの「小さな力」は錘《おもり》を落とすことによって生み出されており、灯台守の方は日々錘を巻き上げる仕事をしていたという。

この錘、自由落下の力を最大限引き出すために、灯台の地下まで穴を掘って、出来るだけ高さを出すように設計されている。この穴は現在も残っており、例に洩れず見せて頂いたのだが、真っ暗な井戸を覗き込んでいるような感じで相当に怖かった。

ここでも海上保安部の方のサービス精神は健在で、「やってみます？」と錘の巻き上げの疑似体験をさせてもらったのだが、見た目よりも重く、重労働であったことを思い知らされた。錘も、水銀槽も、現存しているのは大変少ないということで、とても貴重な体験をさせて頂いた。

その後、またもや特別に入れて頂いた灯室で見たフレネルレンズは、前日とはまた違った美しさと感動があった。

一目見た瞬間、ファンタジーで出て来る魔法の道具じゃん、と思ってしまったのだ。潮岬灯台のレンズはお椀型だったが、樫野埼灯台のレンズは、ランタン型とでも言えば良いのだろうか。中央にある光源を囲むようにレンズが設置されており、ガラスの面が多い分、浮世離れした雰囲気が強かった。現役の水銀槽の上を低い駆動音を響かせてゆっくり回る光景は、いかにもスチームパンクなどの物語世界に出てきそうに見えたのだ。

また、周囲を囲むガラスの壁も、やっぱりステンドグラスのように優美だった。海を望む側が一面開けていて、恐ろしいほど透明の海水が、岩場に砕けて散って行く様子がよく見える。

この時、「あれがエルトゥールル号がぶつかった岩ですよ」と、丁寧に海のほうを指さして教えてもらったのだが、私にはどれが問題の岩なのか、はっきりとは分からなかった。それも無理からぬことではあったと気付いたのは、灯台を見終わった後に訪れた、エルトゥール号の事故について解説し、その後の調査で見つかった遺品や当時の品などを展示しているトルコ記念館に行ってからのことである。

ここでは、海に面した壁に設置された小さな窓を覗き込む形で、問題の岩をはっきり視認出来るようになっているのだ。

この岩は「船甲羅《ふなごうら》」と呼ばれている。

最初にそれが「船甲羅」だと分かった時、私は拍子抜けしてしまった。波立つ水面ぎりぎりになめらかな黒い影が見え隠れする程度で、名前でイメージしていたような、大きく恐ろしい岩には到底見えなかったのだ。

だが、そう思ってすぐに「いや、だから怖いのか！」とハッとした。

つい、観光名所のような気持ちで見てしまったが、この岩に名前がついているのは見た目が珍しいからではない。全く目立たないからこそ、多くの事故を起こしてきたのであり、その恐ろしい実績からついた怖い名前なのだと、遅まきながら思い至ったのだ。

うすら寒い心地がしながら、無理やり記念館の中へ視線を戻せば、そこにはたくさんの資料が展示されている。

亡くなった方が実際に使われていた遺品の数々。船上でたくさんの船員のお腹を満たしていたであろう大鍋。救助活動を克明に記した村長さんの日記。負傷者の治療に当たりながら、「ただ痛ましい姿を見かね、助けたい一心だったから」と治療費の受け取りを断るお医者さまの手紙。

——今でも、トルコの駐日大使は着任すれば慰霊のために必ず串本町を訪れ、地元の人々ともあたたかな交流を続けているという。

記念館を出る直前、エルトゥールル号の水中発掘調査について書かれた本を購入した際、おつりを数えながら記念館の方が教えてくれた。

「ここの慰霊碑は、地元の小学生が定期的に掃除するんです。実は、そういう私も地元の人間でして……」

小さい頃はここで清掃をしてました、と、そう語る姿はなんとも嬉しそうで、事故に対する悲愴感よりも、その後に築いてきたトルコとの繋がりを大切に思っていることが強く伝わってきた。

最後に、我々は可愛らしいトルコの雑貨が店先に並べられたお土産屋さんに入った。編集の嶋田さんが「トルコアイス、絶対に食べたいです！」と主張し、私も全く同じ思いだったからだ。

お店の中は、「ここって和歌山だよね……？」と思わず確認したくなるほど、トルコの民芸品であふれていた。

繊細な刺繍のバッグや、青いガラスで出来た目玉のような魔除けのお守りナザールボンジュウやそれをもじったアクセサリー、華やかな絵付けのされた陶器などなど。あまりに可愛い雑貨が多いので、私も自分用にターコイズブルーの小さなバッグを購入してしまった。

全員で頼んだトルコアイスは、もちもちしているのに口当たりはさっくりと軽く、甘いのに甘すぎず、冷たいのに冷たすぎず、後味はさわやかだった。めちゃくちゃ美味しい！と感動しつつも、見た目はよく知るバニラアイスなのに、今まで食べたことのない味と食感に困惑し、「なんだこれ、すごくうまい！　すごくうまいけど、なんだこれ……？」と呟いているうちに食べ終わってしまった。

お店を出る際、「初めての味で、とっても美味しかったです」と声を掛けると、お店の方は「うちのトルコアイスは、本当の、本場の味ですから」と、控えめに、しかし誇らしさを滲ませて微笑んだのだった。

ここに来た時には、過去の大事故がただただ恐ろしく、いたましい思いばかりが胸をふさいでいた。だが、悲劇は単なる悲劇で終わらずに、そこから生まれた人と人との交流は強く根を張り、今も健やかに枝葉を伸ばし続けているようだ。

そうしたことを、私は樫野埼灯台で強く感じたのだった。

海に根差して

安乗埼灯台〈三重県〉

『海と灯台プロジェクト』の企画によってやってきた、灯台巡りの最終日。

私達が訪れたのは、三重県志摩市にある安乗埼《あのりさき》灯台であった。

急勾配の坂道をのぼり、ようやくたどり着いた灯台の駐車場には、第四管区海上保安本部、志摩市産業振興部観光課、志摩市灯台活用推進協議会の方々が勢ぞろいしていた。

「ここまで来るの大変でしたでしょう。ここの灯台はすごく綺麗だし、広場もあるし、イベントにはうってつけなんですけどね。アクセスが悪いのが残念です」

もっと多くの方に来て欲しいんですが、と、そう言いながら先頭に立って灯台を案内してくれたのは、鳥羽《とば》海上保安部の濱野《はまの》壮一郎《そういちろう》さんだった。

安乗埼灯台は、木下惠介監督の映画『喜びも悲しみも幾歳月《いくとしつき》』の舞台になっている。この映画は全国の灯台に赴任する過酷な灯台守の生活を描いた作品であり、灯台記念日の式典で主人公が挨拶をするシーンがここで撮られているのだ。

しかし、もとは撮影場所の第一候補ではなかったらしい。晴れがましい式典の画を撮りたいのに、監督が納得するようなロケーションが中々見つからず、三基目にしてようやく「ここだ！」となったのが、この灯台だったそうだ。

そんな前評判に違わず、安乗埼灯台は本当に美しい灯台であった。

この日は、前日、前々日の不穏な雲行きが嘘のような快晴であった。真っ青な空の下、南の気候を感じる緑の鮮やかな岬の突端に、白く四角い灯台が堂々と聳《そび》え立っている。円筒形だった潮岬《しおのみさき》灯台とも、螺旋階段付きのぽってりした可愛らしいフォルムの樫野埼《かしのさき》灯台とも全然違う。よく手入れのされた芝生の広場の向こうに四角柱の塔がしゃっきりと立つ光景は、優美というよりもどこか荘厳に感じられた。

またもや特別に、明かりを点け灯室に入れてもらえることになったのだが、ここでちょっとしたハプニングがあった。

「ここで光源として使われているのは、メタルハライドランプです」

そういってスイッチを入れてくれた濱野さんに、初日から同行しながら灯台について教えてくれていた脚本家の山内さんが「メタルハライドランプ！」と嬉しそうな声を上げた。

「運が良ければ点灯直後に緑色に光るのを見ることが出来ますよ。それを見られると幸せになれると言われていて、灯台好きの間では憧れの光景なんです！」

説明を受け、「なんと、それは是非見ないとですね」とわくわくしながら私が相槌を打った瞬間、その場にいた全員がはたと顔を見合わせた。

この時、我々は光源のある灯室のすぐ下のエリアにいた。

肝心の灯室に入るには、ここから梯子《はしご》を上らなくてはならないのだが、梯子にはパネルがついており、今すぐ使える形にはなっていなかったのだ。しかし、すでにランプのスイッチは入っている。

緑の光が見られるのは点灯直後のみだ。

あっと言う間に、その場はパニックに陥った。

「あああ、すみません。パネル、今すぐ外します！」

「外してたら間に合わないですよ！」

誰も、まさかこんな時間との勝負になるとは思っていなかったがゆえの悲劇である。皆でわあわあ言いながら、「とにかく阿部さんだけでも上に……！」とゾンビ映画で最後の希望を託された主人公みたいなセリフを編集の嶋田さんに言われ、私は叫んだ。

「パネル、このままで行けます！」

私は群馬のド田舎で生まれ、幼少期の趣味が木登りだった女である。

二十年近いブランクはあるし昨年には膝の靭帯《じんたい》を断裂して一か月入院していた身であるが、この瞬間だけは赤城山育ちの血が爆発した。

「阿部さん、危ない！」

「お願いですから無理しないで！」

「そっち、そっちに足かけて下さい！」

周囲の悲鳴からして華麗に登れたわけではないのだろうが、私はなんとか灯室によじ登ることに成功した。

そして、噂のメタルハライドランプを見た。

緑——というよりも、それは薄い青色を帯びた光だった。

これが噂の緑の光なのかは定かではないが、瞬きのうちに光は真っ白になったので、点灯直後だけ見られる色だったのは確かだろう。その後、登って来た人達はあの色を見られなかったので、私を優先して押し上げてくれたおかげで、間一髪、貴重なものを見せて頂けたようだ。

安乗埼灯台の灯室は、潮岬灯台や樫野埼灯台に比べて随分と狭くて、屈まないと鉄製の天井に頭をぶつけてしまいそうだった。

だが、そこからの光景は絶景であった。

風が強いせいか、空には雲ひとつなく、白波の立つ海は鮮やかなエメラルドグリーンをしている。狭い灯室から広大な海を望むと、なんだか、自分が急に小人になってしまったかのような、不思議な感覚がした。

回廊に出て陸地のほうを振り返ると、灯台まで続く道の両側は切り立った断崖となっていた。右手には的矢《まとや》湾、左手には太平洋が広がっている。海水の透明度が高いせいか、ごつごつとした岩礁がはっきりと見て取れた。

「このあたりは暗礁が多い海の難所なんです。大王埼《だいおうさき》、鎧埼《よろいざき》と合わせて『志摩三埼』と呼ばれています」

濱野さんが指さしながら説明することには、安乗港は、天領の御城米《ごじょうまい》を江戸へと送る西廻り航路の主要港であったという。難所を越えた後に寄港し、支度を整えて順風を待つ「風待ち港」であったのだ。

西廻り航路を開拓したとされる河村瑞賢《かわむらずいけん》は南伊勢町出身であり、開拓当時から安乗岬には明かりが点っていたらしい。

灯台巡りが始まってから何度も名前を聞き、すでにお馴染みとなったリチャード・ヘンリー・ブラントンさんがここに西洋式灯台を建てる前は、燈明堂《とうみょうどう》が灯台としての役割を果たしていたのだ。最初に燈明堂が建てられたのは三百四十年も前のことで、当時は三mほどの塔を建て、水を弾く油紙で囲った中で菜種油や薪を燃やしていたのだという。

「その後、ブラントンが最初にここに建てた旧灯台は木製で、官舎や倉庫はレンガで作られていました」

そこまで聞いて、私は「あれ？」と思った。

前日、前々日に巡った二つの灯台では、灯台のすぐ隣に官舎があったのだが、安乗埼灯台の周辺に官舎は見えない。

「実は、官舎はこの灯台よりも先にあったんです。でも、波による浸食が激しくて、崩れてしまったんですよ」

それだけ、過酷な場所だということだろう。岬の突端部分の崖には、官舎で使われていたレンガが散らばっていたらしい。

そしてこのレンガには、ちょっとした逸話があるという。

これらのレンガは、地元に住んでいた二人の瓦職人が手がけたものだった。その職人のうちの一人、竹内仙太郎さんは、ブラントンが作った他の灯台にも関わっていたために名前が知られていたのだが、もう一人については名前も分からず、全てが謎に包まれていた。

しかしある時、謎の瓦職人のてがかりが見つかった。この灯台で子孫の方が崖を見て「おじいさんの作ったレンガが打ち捨てられているのが悲しい」と泣いていたことが切っ掛けとなったのだ。

その後調査が進み、謎の瓦職人は神明村の「山崎清十郎さん」という方であったと確認が取れたのだった。

このレンガは、モルタルを塗って接着しやすくするため、わざわざ面にへこみが施されていた。自己流のレンガを作るため、おそらくはたくさんの工夫と努力があったのだろうが、上野公園で開かれた博覧会で、竹内さんはレンガを、山崎さんは瓦を出品したとのことで、職人としてのスタンスには違いがあったことが窺《うかが》える。

一方、点灯当初にあった旧灯台は、潮に強いケヤキ製であったらしい。

一本柱の通った五重塔のような作りであり、台座は大変珍しい八角形をしていた。一度解体されてから東京の浜離宮公園に移され、その後またまた移転して、現在はお台場の『船の科学館』で展示されている。

「しかし、あっちこっち行かされて灯台も可哀想だ。あそこで落ち着ければいいんだけど……」

ふと漏らされた濱野さんの言葉に、私は少し驚いてしまった。

それまで、濱野さんはずっとにこやかに、しかし理知的な口調を崩さずに灯台の説明をしてくれていた。しかしその言い方は、まるで灯台が生きているかのようだった。

「今は住み込みではないそうですが、灯台守の方って、全国の灯台に赴任されるんですよね。濱野さんが今まで行かれた灯台の中で、特に印象に残っているのはどこですか?」

そう訊ねると、「どこもそれぞれ良かったですが」と断ってから、水ノ子島《みずのこしま》灯台（大分県佐伯市）の名前を挙げられた。

水ノ子島灯台は、ちょうどここに来る直前の車の中で、灯台守のお仕事の大変さを紹介する例として山内さんから聞いたばかりの名前であった。豊後水道の中間地点、絶海の孤島ともいうべき場所にある灯台であり、他に楽しみがないので、やって来る海鳥とたわむれる灯台守もいた——というエピソードを教えてもらったのだ。

それを言うと、「鳥は確かにすごかったです」と濱野さんはしみじみと頷いた。

「何せ海の真ん中なので。他に羽を休められる場所がないから、霧の中、たくさんの鳥が灯台の光に集まって来るのが分かるんですよ」

それだけを聞くとヒッチコックの映画『鳥』のようで恐ろしいが、面白いこともあったと言う。

「ある時、何をどう迷い込んだのだか、鳩がやって来たんです。どう見てもお前海鳥じゃないだろと思ったんだけど、弱っていたので可哀想になって、一時的に保護してやりました。ちゃんと元気になって飛んで行ってくれて、ああよかったと思っていたら、私が留守の間に仲間を連れて戻って来たんですよ！　多分、ガールフレンドでしょうね。流石にお前、それはないぞと思いましたが、私と交代で灯台に勤務する同僚に餌を貰えなかったらしく、諦めて帰って行きました」

そう語る濱野さんの様子は、なんとも楽しそうだった。

「あのう、今さらなのですが、どうやったら灯台守になれるんです？」

戦前は灯台守を養成する専門の部署があり、その職に就けるのはいわゆるエリートであったと聞くが、戦後、灯台業務は海上保安庁が所轄している。

「今はなくなっちゃいましたが、私の頃は、海上保安学校灯台課程というものがありましてね」

「実は、私と先輩後輩の関係なんですよ」

この時、後ろから愉快そうに声をかけてきたのは、道中、濱野さんの説明に時折補足を入れてくれていた第四管区海上保安本部交通部の道辻尋史《みちつじひろし》さんだった。

「ということは、海上保安部に入ってから上の人に灯台のお仕事を割り振られるわけではなくて、ご自分で灯台の仕事に就きたいとお考えになったわけですよね？」

「そうです」

「濱野さんは、何か灯台で働きたいと思われた切っ掛けがあったんですか？」

「海が好きだったからですね」

なんとも歯切れの良い即答であった。

「実は、私の生家の屋号には『海』と『照』がついていまして、漠然と自分は海に関わる仕事をするんだと思っていました。中学生の頃だったかな。灯台守という仕事があると知って、これだと思ったんです」

どういう職種であれ、人が天職と出会う時というのは、こういうものなのかもしれない。全く違う仕事ではあるが、私も、この世に小説家という存在があると知った時、全く同じことを思った。濱野さんとお話をしていると、言葉の端々に灯台守という仕事に対する誇りと、灯台そのものへの深い愛情が感じられたが、それはこういった自負があってのことかと、共感すると同時に大いに納得したのだった。

安乗埼灯台には、立派な資料館がある。

初代灯台の三分の一スケールのレプリカや、かつて実際に使われていたもの、灯台そのものについて知ることの出来る展示がたくさんあった。

私の場合、贅沢にも実際に灯台で働かれている方に色々と教えてもらえたが、ふらりと遊びに来たとしても、ここで安乗埼灯台のあれこれをしっかり知ることが出来るようだ。

そして灯台前の広場には、名物「きんこ芋・ぎんこ芋」を使ったスイーツが食べられる灯台カフェ、きんこ芋工房上田商店さんがあった。中には、このスイーツを目当てに灯台にやって来る方もいるということで、我々もしっかり頂いた。

私は、たっぷりの芋蜜がかかったきんこ芋プレミアムパフェを頼んだのだが、これが本当に美味しかった！　特に、パフェに使われていたきんとき芋チップスがめちゃくちゃ気に入って、正直、いくらでも食べられると思った（しっかりお土産に頂きました）。

灯台を回り、資料館を見て、パフェを楽しんでいるうちに、いつの間にか日が傾いている。帰りの電車を考えるともう時間がなかったが、旅の最後に、灯台からすぐ近くの安乗《あのり》神社にお参りをした。

安乗神社は、敷地自体は決して大きくはないはずなのだが、鳥居からは直接海が見えることといい、お参りの際は「どんどんどどん」というリズムで太鼓を叩く決まりがあることといい、強い存在感を持つ神社であった。

サメの刺繍されたお守りは「波乗守《なみのりまもり》」といい、サーファーなどの間で「安全に、よい波に乗りたい」という願いを叶えるものとしてとても有名なのだという。

神社の駐車場で、お世話になった皆様とお別れをすることになった。

「頑張って、きっとよい紀行文を書きます。本当にありがとうございました」

我々の乗る車が動き出しても、皆さんは、こちらの姿が見えなくなるまでずっと見送ってくれていた。

——こうして私の灯台の旅は終わった。

当初の期待通り、綺麗な光景を見て、美味しいものをたくさん食べられたけれど、それだけではなかった。

単にすてきなランドマークと思っていた灯台は、今ここに至るまでに、恐ろしいまでの歴史を重ねてきている。

過酷な環境下で、人の命、海の安全を守ってきた灯台は、唯一無二のオーダーメイドなのだ。建設当初からその土地に根差した知恵と工夫と努力が積み重ねられて来たのであり、その裏には、そこで生活を営む人々の生きざまがあった。

東京に戻ってからというもの、いつもと同じようにテレビを見て、ネットサーフィンをしていても、灯台を見つける機会が増えた気がしている。

私の灯台への見方が変わったせいだろうが、この眼差しはきっとこれから、一生変わることはないだろう。

潮岬灯台

（和歌山県東牟婁郡串本町）

江戸時代末期の江戸条約により建設が決定した、８つの条約灯台のうちの１基。明治６年、日本初の洋式木造灯台として本点灯。本州最南端に位置し、「のぼれる灯台」として、熊野灘の潮流、視界に広がる太平洋を体感できる。近くには、約10万平方メートルに及ぶ「望楼の芝」も。

樫野埼灯台

（和歌山県東牟婁郡串本町）

イギリス人技師・ブラントンが最初期に手掛けた、日本最古の石造り灯台。内部は非公開だが、展望台からは視界いっぱいに広がる海を見渡すことができる。灯台近くの広場には、“トルコ建国の父”ムスタファ・ケマル・アタテュルク像がそびえたつ。

安乗埼灯台

（三重県志摩市）

全国でも珍しい四角形の灯台。周囲には伊勢志摩国立公園が広がり、国の有形文化財にも指定されている。穏やかな的矢湾と荒々しい熊野灘の対比も見どころ。

恵山岬灯台

川越宗一

Soichi Kawagoe

1978年鹿児島県生まれ。
2018年『天地に燦たり』で松本清張賞を受賞しデビュー。
20年『熱源』で直木賞、23年『パシヨン』で
中央公論文芸賞を受賞。他の著書に『海神の子』
『見果てぬ王道』『福音列車』など。

神威岬灯台
北海道
鷗島灯台
恵山岬灯台

厳しい海と共に生きる

神威岬灯台〈北海道〉

灯台には深い思い出がある。

といっても、船乗りや灯台勤務をやっていたわけではない。

時は二〇一九年、たしか二月だった。当時のぼくは北海道やサハリン、南極が舞台になる小説を書いていた。いずれも雪深い地だが、ぼくはずっと比較的温暖な場所に住んでいたから、雪については「白くて冷たい」くらいしか分かっていなかった。そこで遅ればせながらの取材を思い立ち、わざわざ冬を選んで北海道へ出かけた。

折悪しく、記録的な寒波が北海道を揉みしだいていた。歩道の左右は削られた雪の壁が背丈ほどの高さになっていたり、目的地のひとつだった墓地は除雪が追い付かず立ち入りできなかったりと、なかなか貴重な体験をした。

旅の二日めか三日め、道北にある海辺の駅で下車した。窓には花のように美しい結晶が這い、海は凍っていた。寒さでバッテリーがいかれたスマートフォンは電源が勝手に落ちるから、撮りたい写真が撮れずに困った。

行きたかった先々を訪れたり断念したりしていると夕方になったので、その日の宿を目指して路線バスに乗った。ほかに乗客はおらず、外では雪が激しくなっていた。思わず、スマートフォンを両手で挟んで温めていた。

下車予定だったバス停に着いたころは日が暮れていて、停留所の標識を照らす明かりは吹きすさぶ濃密な雪にかすんでいた。これ歩けないだろ、と思った瞬間、プシュッとバスの扉が開いた。運転士さんの背は「今日も何事もない」と言わんばかりの落ち着きを見せている。地元の人にとって、これくらいの雪は日常茶飯事なのだろうか。

おそるおそるバスを降りた。低いエンジン音が遠のいてゆく。ぼくの周囲は雪が街灯に光る白い闇、その向こうは夜の黒い闇である。目指す宿までは歩いて五分もかからぬ距離だが、文字通り手探りで行くには遠すぎる。スマートフォンはいまのところ動作しているから地図アプリを見ればよいかもしれないが、いつまた電源が落ちるか分からない。

凍死、という言葉を我が身について覚えたのは、初めてだった。今となれば、雪に慣れぬ人間があわてていただけとも思えるが、その時はほんとうに怖かった。

ふと見上げた。水平方向に救いはない、という諦めだったかもしれない。かといって上方向には天国しかないのだが、などと考える余裕もなく、ともかく見上げた。

量感を伴った白い光が虚空に明滅していた。いかん走馬灯だ、と思い至るほどにまだ切羽詰まっていなかったが、不思議な現象に思わず見とれてしまった。

「道が分からなければ、灯台を目印にしてください」

宿の予約時に言われた言葉を思い出した。ぼくは灯台の光を目指して道を埋める新雪を踏み、幸いにも元気だったスマートフォンで位置と方向を確かめながら、なんとか宿にたどり着いた。

かくてぼくは生還し、小説も無事に書き上げることができた。うまく書けたかは心許ないが、最後まで書けたのは北海道の雪に学ばせていただいたおかげだし、書くための命は灯台の光がくれたようなものだ。

それから数年が経った。以上の思い出は関係ないはずだが、くだんの小説のおかげか、ぼくはリレー紀行「『灯台』を読む」に北海道担当として参加させていただくこととなった。

六月下旬、ぼくが住んでいる京都市は晴れていれば気温三十度超えの真夏日、そうでなくても蒸し暑い日が続いていた。

久しぶりの飛行機で降り立った新千歳空港は、涼しくて気持ちよかった。札幌で一泊した翌朝は、ありがたいことに快晴。担当編集者、カメラマン氏と合流し、灯台を巡る旅は始まった。

最初の目的地は神威岬《かむいみさき》灯台。日本海を望む積丹《しゃこたん》半島から突き出た岬の先端にある。札幌からはカメラマン氏がハンドルを握る車でだいたい西へ、二時間ちょっとである。ちなみに積丹半島の海岸のほとんどは、国定公園になっている。青く澄み渡った海、寄せる波が作った崖や奇岩、海岸からすぐ立ち上がる優美な山。独特の景観が楽しく、車中はちっとも退屈しなかった。

神威岬の根元あたりでぐるりと湾曲する坂を上れば、広々とした駐車場とレストハウス「カムイ番屋」がある。ここから伸びる遊歩道を行けば神威岬灯台に至る。

まずカムイ番屋に入った。一階のお土産屋と食堂を眺めながら階段を上がる。灯台にまつわる展示があるという二階に至ったところで、ウワッと声を上げてしまった。

ほのかに青緑色を帯びたガラスの輪を、細い金属の骨で見上げる高さまで積み上げた巨大な構造物が、そこにあった。輪は上に行くほど小さくなり、全体は釣り鐘に似た形を成している（「釣り鐘」の言葉は説明書きから取ったが、ぼく自身はアポロ宇宙船を想起した）。レトロともSFチックとも言える不思議な佇まいだった。

構造物は第一等不動レンズと呼ばれている。凸レンズをばらばらにして薄く組み直したフレネルレンズがあり、その上下をプリズムで挟み、左右に引き伸ばして円柱の形に作っている。ようするに全周がレンズという代物だ。等級は厳密にいえば焦点距離を、おおまかには大きさを表し、第一等は最も大きい。展示されている不動レンズは高さ三・〇五メートル、直径一・八五メートルもある。灯器が入っていたというレンズの中は、椅子と小振りな机を置いて原稿が書けそうなくらいの空間がある。こんな興趣あふれる部屋では気が散って原稿どころではないだろうけど。

この不動レンズは、生まれて百五十年近くの長い歳月を経ている。フランスで製造され、明治九年（一八七六）ごろに宮城県の金華山《きんかさん》灯台で使われた。大正十二年（一九二三）に神威岬灯台の二代目レンズとして移設され、昭和三十五年（一九六〇）の灯台建て替え後は、遠く大阪のレジャー施設「みさき公園」に運ばれ、展示されていた。時の流れでみさき公園は運営会社が撤退していったん閉園の運びとなり、レンズは落ち着く場所を失う。これを知った地元の人々が運動して二〇二二年、約六十年ぶりに神威岬に帰ってきた。長い時間を歩んだ不動レンズは、遺すべき貴重な産業遺産と言えよう。

しばしレンズに見惚れたあと、（なんと）積丹町の町長から灯台についていろいろご説明をいただいた。伺った内容はとても興味ぶかかったが、「灯台は町の誇りです」という言葉がとくに印象的だった。レンズの里帰りも、誇りを取り戻すための運動だったのかもしれない。

神威岬には、ひとつの伝承がある。

昔むかし、奥州にいた源義経は蝦夷《えぞ》地へ逃れ、神威岬から大陸へ渡った。義経を慕っていたアイヌの女性チャレンカは後を追うが、一行はもう出発していた。チャレンカは悲嘆に暮れ、「婦女を乗せてこの岬を過ぎる船はみな沈む」と言い残して岬から身を投げた。

時は下って江戸時代。蝦夷地を任されていた松前藩は、神威岬から先への女性の通行を禁じた。理由は不明だが、チャレンカの伝承を利用して統治しにくい遠隔地への和人の定住を防いだのでは、という推測もある。岬そのものも神罰を恐れて女人禁制の地となっていた。

そして幕末、ペリー提督の来航を受けた江戸幕府は国防のため蝦夷地を直轄化し、また神威岬以遠の女性渡航を解禁した。妻を連れて赴任する幕府の役人は、船上から「主君の命で通るのに、どうして神罰を受けねばならないか」という言葉と一発の銃弾を放って、岬の沖を通過したという。

近代という時代は、それ以前の感覚を「迷信」と呼んで切り捨ててゆく過程でもあった。近代とて優生思想や人種主義などの新たな迷信を生んだが、それはさておく。伝承が生まれ、その伝承が統治に利用され、のちに打ち砕かれ、やがて近代的な灯台が建てられたという神威岬の経緯には、人類史の要点が詰め込まれているような気がした。

さて、現在の神威岬は、灯台へ続く遊歩道「チャレンカの小道」が整備されている。その入り口には「女人禁制の地」と書かれた鳥居型の門がある。

門の手前、遊歩道を見渡せる場所で、ぼくはつい立ちすくんでしまった。

空も海も、澄んで青い。岬は海からこんもり盛りあがり、夏草と小さな花に覆われながら長く伸び、ところどころで削り取ったように岩肌を剝きだしにしている。眺めるだけなら、手を叩いて称賛したくなるほど良い景色である。

ただし、行くとなると話が変わる。遊歩道は岬の尾根を通っていて、けっこう起伏が大きい。左右は急斜面か崖で、大小の岩がごろごろ転がる海岸まで急な角度で落ち込んでいる。怖い、怖くないの二つに世界を分ければ、これからの道は確実に「怖い」に入る。

案内してくれる海上保安庁の柴山さんと並んで、こわごわ遊歩道に足を踏み入れる。強い風に揺さぶられ、足元がおぼつかない。

「神威岬も含めて、いまの灯台はほとんど無人です」

柴山さんがにこやかに説明してくれる。

「ときおり点検で人をやるくらいですが、だいたいの灯台は道が険しいか船で行くような場所にありますから、天候が荒れたときは点検を延期します」

「きょうもけっこう風が強いですよね」

ぼくはつい抗議めいた口調になってしまった。歩きにくい道で必死になっているぼくをからかうように、その日の風はぼくの身体を揺さぶっていた。

「これくらいの風で休んでたら、商売になりません」

柴山さんの笑い皺には、長かったという船上勤務で鍛えられた迫力のようなものがあった。ただ、ほんとうに危険なほどの強風であれば遊歩道が閉鎖されるから、たんにぼくが関西弁でいうヘタレだっただけであろう。じっさい、前後では観光のかたがたが悠々と歩いていた。

やっとたどり着いた神威岬灯台は、白く高い塔というイメージとは違う三階建てくらいの小振りな建物だった。一階は設備類があり、首のような短い灯塔があり、ガラス張りの灯室が載っかっている。いただいたメモによると、地面から灯台のてっぺんまでは十二メートルに過ぎない。

「では、どうぞ」

柴山さんはこともなげに一階の扉を開ける。ふつうなら入れない場所に入れるということだ。ぼくはふだん「自分が書いているものが小説かどうか、よくわかっていません」などとコマシャクレたことを言っているのだが、このときばかりは「小説家になってよかった」と図々しい感慨を覚えた。

短い階段を使い、灯室に出る。金属製の土台があり、見上げるくらいの高さに灯器が載っかっている。

灯器は、丸窓がついただけの簡素な四角い箱だった。人人なら両腕で抱き込める程度の大きさだ。事前に巨大な第一等不動レンズを見ていたので、つい拍子抜けしてしまった。だが、この素っ気ない金属の箱は十七万カンデラの光を放つ。ろうそく一本のあかりがだいたい一カンデラらしいから、すさまじい。前述したとおり灯台そのものも小振りなのだが、小高い岬の上に建っているため平均水面からは八十二メートルの高さがある。光が届く距離は二十一海里、約三十九キロメートル。もし皇居の大手門に同じ高さと光度の灯台があれば、その光は横浜、千葉、川越あたりまでカバーする。

柴山さんの説明を聞きながらふと目を落とすと、台の陰にガラスクルーの缶が二本あった。ホームセンターなどでよく見るガラス磨き洗剤だ。灯台の能力に圧倒されていたぼくは、異国で旧友に会ったような親近感を覚えた。

灯室の隅にある小さな扉から、這うように外に出た。風と陽光に一瞬ひるみ、こわごわ背を伸ばして手摺に手をかける。その美しさから「積丹ブルー」と呼ばれる紺碧の海が一望できた。ため息が出るほどの絶景だった。

日本に灯台が建てられた時代、気象や明暗を検知するセンサーなどなかった。機械の信頼性もいまよりずっと低い。また灯台はたいてい、通勤できない僻地にある。

だから昔の灯台には「灯台守」と通称される職員がいて、家族と職場に住み込んでいた。戦前はおおむね逓信省、戦後は海上保安庁に属する。戦前から戦後にかけて勤務した灯台守を主人公にした映画『喜びも悲しみも幾歳月《いくとしつき》』は、時代に合わせて変わる制服も見どころのひとつだが、そこを見ているのはぼくだけかもしれない。

さておき、神威岬灯台には五名前後の灯台守がいた。彼らは家族に支えられながら、交代で機械をメンテナンスし、定時で気象データを記録し、日が暮れれば光を灯し、行き交う船の目印を守っていた。

必要な物資は船から補給されるが、それだけでは足りない。生鮮食品は釣りや自家栽培で補い、日用品は四キロ離れた余別《よべつ》まで買い出しに行く。今と違って遊歩道はなく、険しい尾根や波に洗われる海岸を行き来していたという。雪に閉ざされる冬は苦労も並大抵ではなかったし、誰かが病気をしたところで、医者を呼ぶにも連れていくにも一仕事だった。

大正元年(一九一二)、買い出しのため海岸を歩いていた灯台守の妻子三人が、大波にさらわれて亡くなる事故があった。現代の感覚なら仕事に家族を巻き込むなど考えられないが、国家や職務に対する意識が全く違う時代だったことは留意しておきたい。変わらぬのは人情だから、家族を失う辛さは痛みを覚えるほど想像できる。神威岬灯台では、無人化される昭和三十五年（一九六〇）までに八十七名の灯台守が勤務し、その家族が住んでいた。

「私にはとても灯台守などできませんな」

海上保安庁の柴山さんは、そう言った。命懸けで職務に当たった先輩諸氏への敬意と、その後輩であるという自負がひっくり返ったのか、照れたような笑顔を浮かべておられた。

ところで、灯台守の家族が波にさらわれた先述の事故のあと、事故を悼んだ地元の人々は、足掛け五年もの歳月をかけて波から身を守るトンネルを掘った。また時は無人化以降にくだるが、灯台守の暮らしを支えた漁師と元郵便局員、電気工事業者が名誉灯台長に任命された。

灯台守と家族は海を守り、守られた海に生きる地元の人々は灯台守と家族を支える。そんな関係と、それゆえに生まれたエピソードの数々が、町長のおっしゃった「町の誇り」という感覚になっているのだろう。

歌が彩る歴史と絶景

鷗島灯台〈北海道〉

――鷗《かもめ》の鳴く音にふと目を覚まし。

高く澄んだ歌声が、遠くから聞こえてくる。

深く柔らかなシンセサイザーの音は海面に漂う朝靄《あさもや》を、歌を追いかけて爪弾かれるアラブの楽器カヌーンは寄せる波を、ふくよかなアコーディオンの音色は風を思わせる。ときおり「ソイ！」と入る合いの手は、その地に住まう人々の息吹だ。

乗り合い観光、あるいは全方位観光という意味を込めて名付けられた細野晴臣のアルバム『オムニ・サイトシーング』は、北海道に伝わる民謡「江差追分」に幻想的な伴奏をつけた「ESASHI」という楽曲で始まる。わずか一分五十秒のトラックながら、たったそれだけの時間で聞き手を、どこか遠くの波寄せる岬へ連れ出してくれる。アルバム全体もいわゆる電子音楽とワールド・ミュージックが混然としていて、「ここではないどこか」を旅しているような感覚になる。

さて、本稿では北海道の灯台を巡る旅の二日目を書く。執筆のBGMは『オムニ・サイトシーング』である。

その日の目的地は江差の鷗島《かもめじま》灯台。同行する担当編集氏が周囲の名所を見繕ってくれたのを幸い、カメラマン氏がハンドルを握る車であちこち寄り道した。

最初の寄り道は、乙部《おとべ》町の滝瀬《たきせ》海岸。見上げるような高さの白い断崖がずうっと続く珍しい場所だ。断崖の上は夏の草木が緑色に繁り、空は青色が透けた薄い雲がかかっている。色彩のコントラストについ見とれてしまった。

海岸は「白い傾斜地」を意味する「シラフラ」とも呼ばれ、最近ではフォトウェディングの撮影地にもなっている（乙部町サイトより）。また、姿が似ているイギリスはブリテン島のドーバー海峡側にあやかった「東洋のドーバー」なる異称もある。

そういえば、精密機械工業がさかんな諏訪《すわ》盆地は「日本（と思っていたが「東洋」が多数派らしい）のスイス」であり、ぼくが育った大阪市はむかし「東洋のマンチェスター」と呼ばれた、などと地理や歴史の授業で習った。北海道にいて諏訪や大阪に思いを致せるのだから、教育は偉大だ。知識は増えれば増えるほど、網膜や鼓膜が感じ取った何かに興味深い奥行きが生まれ、おかげで退屈しない人生を送れている。ぼくの学業が大成にほど遠かったことは付言しておきたい。

滝瀬海岸には色が抜けた枯れ枝や古タイヤ、プラスチック製の容器など、さまざまな物体が流れ着いていた。ハングルや中国語の簡体字がプリントされたプラ容器もあった。国境は具体的な存在でなく、実体のない抽象的なものである、という当たり前の事実に改めて思い至った。はるか太古、東アフリカの片隅で誕生した現生人類も、安住の地を求めて国境なき山を越え、海を渡ったのだろう。

ところで滝瀬海岸のすぐ北は乙部の町である。今回の旅では立ち寄れなかったが、そこには「箱館戦争官軍上陸の地」の碑が建っている。

ときは幕末、徳川幕府は当時の最強艦「開陽丸」を旗艦とする精強な海軍を養っていた。明治維新が戊辰戦争という内戦に発展すると、榎本武揚《えのもとたけあき》率いる幕府海軍は北上、渡島《おしま》半島南部を占拠して箱館に本拠を置いた。ただし半島平定の途中、開陽丸は江差の沖合で暴風雪に遭って沈んでしまう。

海軍力で逆転した新政府軍は乙部に上陸し、箱館へ進撃する。榎本軍が降伏して内戦が終結するのは明治二年（一八六九）の五月。本企画「『灯台』を読む」の切り口から眺めると、国内を平定した明治新政府は近代的な灯台の建設に邁進《まいしん》していく。

シラフラの景色を堪能したあと、車で江差へゆく。

西に日本海を望む江差の、その地名の由来は定かでない。孫引きだが江戸時代の書籍では「夷語エシヤシなり。則《すなわち》、尖く出たる崎といふ事。（略）未詳」とあり、アイヌの人々の生活圏であったことは間違いないだろう。『江差町史』では、付近で古戦場を思わせる不規則な形態で人骨が出土していることなどから、悪い砦、不吉な砦などと訳せるアイヌ語「Wen-chasi」が由来と推測している。

江戸時代、江差はニシン漁と檜《ひのき》の伐り出しで栄える和人の港町になっていた。ことニシン漁は有名で「江差の五月は江戸にもない」とうたわれるほど賑やかだった。大きな商家、小振りな町家、蔵。かつての繁栄を偲ばせるあれこれが、いまの江差市街にはたくさん残っている。

車を降りたぼくは、担当編集氏に連れられて町を歩き、カメラマン氏の前で恰好をつけたりしながら江差の情緒を満喫した。

江差追分会館に入ったのは、思い付きだった。名の通り江差追分の魅力や歴史を紹介する施設で、充実した展示はとても見ごたえがあった。

江差追分は、三味線や太鼓に合わせて朗々と歌いあげる民謡である。もとはニシン漁の網を引くヤン衆たちの歌、船主たちが遊んだ料亭のお座敷唄のふたつがあり、明治末から大正初めにかけて現在伝わる形に整えられた。会館の展示によると、さらに起源をたどれば信州の馬子唄に至るのだという。本州の内陸に生まれた歌声が流れ流れて、北海道で江差追分となった。人の活動範囲は広く、各地の文化は人間の足跡のようなものだ。時代の風がその足跡を消してしまうけれど、できる限り残っていてほしい。

会館には百畳敷のホールがあって、江差追分の実演を観覧できる。ひょうと吹かれる尺八、凜とした音を放つ三味線に合わせて、歌声は勇壮と繊細を行き来する。節回しは複雑かつたっぷりしていて、無理やり文字に起こせば「鷗の」は「カモォーメーェーイェーノォーオーオォー」とうたう。抑揚のひとつひとつに港町の喜怒哀楽が込められているようで、迫力に圧倒されたぼくは、その感動のままCDを三枚買った。

それから、近くにある「Café香澄」に移動して昼食をいただいた。江差追分の全国大会で優勝された木村《きむら》香澄《かずみ》さんがやっておられるお店で、大振りな唐揚げとサラダ、黒豆ご飯のランチを堪能した。イヤァおいしかったと言いながら食後のコーヒーをいただいていると、木村さんがおもむろに店内のステージに立ち、マイクを握った。

――鷗の鳴く音にふと目を覚まし、あれが蝦夷地の山かいな。

ぼくにとってはまことに贅沢な時間でもあったのだが、木村さんはアカペラで、かつすぐ目の前で江差追分を披露してくれた。他の楽器がないぶん、ふくよかな声と節回しの妙がはっきり聞こえる。ステージの後ろにある大きな窓が江差の青い海と空を切り取っていて、遠くに来たなあ、とまたも感動してしまった。

お店には細野晴臣の写真とサインがあった。野暮な説明で恐縮だが細野氏は、はっぴいえんど、ティン・パン・アレー、ＹＭＯなどのバンド活動、また荒井由実など多数のプロデュースで知られる偉大な音楽人である。なんと木村さん、十四歳のころに細野晴臣のアルバム制作に参加していたという。ぼくはエーッと声を上げて驚き、そのアルバムが未聴だったことをとても残念に思った。

ここで時間は後に飛ぶが、北海道の旅を終えて自宅に帰ったぼくは、前から迷っていたちょっといいスピーカーと『オムニ・サイトシーング』を買い求めた。一曲目の「ESASHI」で、また江差追分会館で購入したＣＤで、木村さんは広く深く細やかに、伸びやかに、うたっておられた。

Café香澄を失礼し、歌の余韻にひたりながら海辺へ歩く。空は薄い雲がたなびき、だいたい青い。体感気温は「暑い」と「暖かい」の間くらいで気持ちよかった。

次の寄り道先が見えたところで、ぼくは思わずウオッと呻いてしまった。マストと煙突を高々と掲げた大きな蒸気帆船が、海に浮かんでいた。船、機械、レトロ、つたない表現で恐縮だが「なんかおっきいの」。ぼくが好きな要素全てが、ひとつの構造物になっていた。

構造物は江差沖に沈んだ幕府海軍の旗艦、開陽丸の原寸復元だった。内部は展示スペースになっていて正式名称は「開陽丸記念館」という。厳密には船ではないのだが、海上にあるし、外観は立派な蒸気帆船だし、後述するが内部も船そのものである。このときぼくが覚えた感動を表すため、以後は開陽丸と呼ぶ。

開陽丸の手前に建つ管理棟で江差町教育委員会の小峰彩椰《こみねさや》さん、北海道江差観光みらい機構の宮崎拓馬《みやざきたくま》さんと合流する。

まずは小峰さんのご案内で開陽丸を拝見した。船腹に空けられた入り口を潜《くぐ》ると、天井は低い。床は船首尾方向に緩く湾曲している。照明は観覧に不便のない程度に落とされ、薄暗い。雰囲気はすっかり帆船だ。

舷側には大きな大砲がずらりと並び、うち一門には、砲員たちを模した等身大の人形が臨場感ある姿勢で張り付いていた。指揮官役はきちんと額を剃り上げて髷《まげ》を結い、金ボタンで合わせる黒詰襟服の上にぐるぐる帯を巻き、刀をぶち込んでいる。足は革靴。洋の東西がまぜこぜになった独特のスタイルは「やっぱり幕末はこうでなくっちゃ」と見る者をときめかせてくれる。少なくともぼくはときめいた。

中央にはハンモックが吊るされ、六体ほどの人形が寝入っていた。展示品に触らないで、という意味だと思うが「おこさないでください」というフリップがあり、なんだか和《なご》んだ。

　前述のとおり、開陽丸は江差沖であえなく沈んだ。明治のころから散発的に金属類が回収されていたが、船体がある場所は不明だった。江差町教育長の熱心な運動で調査が実施され、海底でばらばらの船体が発見されたのは昭和四十九年（一九七四）。場所は現在の記念館にほど近い、江差港防波堤のすぐそばだった。

　以後、引き揚げられた遺物は三万点以上に上る。海水から沁み込んだ塩分を抜くなどの保存処理は江差高校化学クラブの生徒たちが行なった。

　遺物は記念館で惜しげもなく展示されている。歯車、ネジ、油さし、ナット、工具、ばね、石炭など機械文明の破片。西洋の文化圏から届いた薬剤のガラス瓶、革靴、ベルトのバックル、洋皿やフォーク。和の情緒たっぷりの瀬戸物、キセル、わらじ、櫛《くし》、刀。その量と種類には圧倒されてしまう。薬莢《やっきょう》や銃弾、球形や椎の実状の砲弾など、軍艦らしい遺物はそれこそ夥《おびただ》しい数に上る。並んでいた大砲も引き揚げられた実物だ。江差の海底は、幕末という時代をまるまる保存するタイムカプセルになっていた。

　船尾に飾られていた葵紋の銅板も展示されている。大河ドラマ『どうする家康』でおなじみとなったであろうフタバアオイの葉が三枚配された徳川家の家紋だが、銅板は葉でなくハートが並んだ形になっている。開陽丸を建造したオランダの技術者が、微妙な勘違いをしたらしい。

強武装を誇る開陽丸は、匹敵する軍艦を持たず手出しできない新政府軍を尻目に悠々と蝦夷地に渡り、そして暴風雪に沈んだ。その巨砲が敵艦を沈めることはなかったけれど、追撃を抑止するという形でぞんぶんに働いたと思いたい。ハートの紋章を使っていたのも、何かの因縁かもしれない。

開陽丸を堪能した後は、宮崎さんの案内で鷗島灯台へ行く。

江差を良港たらしめたのが、間近に浮かんで外海の荒波を防いだ鷗島だ。周囲約三キロの細長い小島で、かつては細い防波堤で江差とつながっていた。いま、防波堤は周囲が埋め立てられていて面影はない。位置関係をいえば旧防波堤の陸側にCafé香澄が、途中に開陽丸記念館があり、鷗島に至る。その距離四百メートルに満たないが、ぼくはすでに、ずいぶん濃密な体験をしていた。

鷗島はテーブルのような形で、斜面を上ると平たい台地が広がっている。

灯台は、西に広がる外海を望んで台地の縁あたりに建っている。真っ白に塗られた三階建ての小振りな建物で、最上階の灯室は高い円錐型の屋根をかぶっている。シンデレラ城の赤ちゃん時代、あるいは三角帽子の小人といった趣だ。

もちろん赤ちゃんでも小人でもなく、立派な灯台である。水面から灯火までは三十六メートルの高さがあり、光達距離は十七海里、三十一キロメートルちょっと。小柄ながらもパワフルな光で、しっかり海の安全を守っている。

灯台の歴史は安政五年（一八五八）、江差の廻船問屋が建てた常夜灯に始まる。明治中期、北海道では灯台の建設ラッシュが始まった。当時は陸路が未発達で、代替する海路の安全確保が急がれたからだ。その流れで鴎島の常夜灯も明治二十二年（一八八九）、木造灯台に代わった。現今の建物は戦後に建て替えられたコンクリート製で、以後何度か改修を経ている。こうして振り返れば、鴎島灯台はかなりの古強者《ふるつわもの》である。三角帽子をかぶった時期と経緯は不明だが、設計か施工をされたかたには何か重大な決心があったのかもしれない。

灯台の外壁には自由に立ち入れる階段があり、バルコニー状に作られた二階からは、どこまでも広がる青い海が一望できる。ぼくが訪れた時は日中だったが、西向きだから夕陽もさぞ美しいだろう。

三角帽子がかわいい鴎島灯台であるが、その内部は質実である。コンクリートが直線的な壁と狭い階段を作り、空気は冷たい。長年海を守ってきた風格がある。ただし、まったく武骨というわけでもない。階段の左右や壁には灯台の解説や往年の周辺の写真が展示されている。「江差かもめ島まつり」などイベントに合わせて内部が一般公開されているから、そのためのものだろう。

灯台の周囲は、芝生の広がる高台として整備されている。ぼくは落ち着いた大人の作家がまじめに取材する顔をしていた（できていたかは定かでない）が、子どものころだったら嬉しくて走り回っていただろう。予約すれば凧揚げ、海釣り、キャンプも楽しめるようになっている。夜、灯台から放たれる光に守られてテントで眠るのも楽しそうだ。興味あるかたはぜひチェックしていただきたい。

この日、ぼくは灯台を目指していた。その途中には先住民が、鷗の鳴く音に目を覚ます移住者が、潮に洗われながら声をそろえて網を引く人々が、港町の繁栄が、戦争が、長い歴史の変転が、変わらぬ姿でたたずむ断崖や海が、歌声があった。

時間や空間を行き来したぼくなりの全方位観光《オムニ・サイトシーング》は、灯台の光をたどることで可能になった。

うごめく地球の最突端

恵山岬灯台〈北海道〉

北海道の歴史は古い。

石器時代から人類が住んでいて、時が降《くだ》ると縄文文化がたいへんに栄えた。狩猟採集の恵みが多い地だったためか、稲作を行う弥生文化は広がらず、本州以南の古墳文化の影響を受けて擦文《さつもん》文化に移行した。

五世紀ごろ、樺太《からふと》からオホーツク文化人がやってきた。アリューシャン列島に住んでいたアレウト人に似ているとも、アムール川下流域で暮らすウリチ人に近いとも、同地域から樺太に居住するニヴフ人の先祖ともいわれる。彼ら彼女らは漁労にいそしみ、ヒグマの頭骨を祭りながら、北海道の北東岸に定住した。

擦文文化はオホーツク文化を吸収し、また他文化圏との接触で生活の形を変えてゆく。おそらくその後継としてアイヌ文化は現れた。アイヌ文化の特徴はさまざまにあるけれど、異なる文化の出会いが集積して生まれたという成り立ちに、ぼく個人は注目している。

和人は鎌倉時代ごろから本格的に北海道へ進出する。渡島《おしま》半島に道南十二館《じゅうにたて》と総称される拠点を築き、北海道や大陸、本州以南の産品を交易した。

松前藩に伝わっていた硯《すずり》が現代まで残っている（松前町郷土資料館所蔵）。樺太のアイヌ民族から入手したもので、三国志の英雄、曹操が建てた銅雀台《どうじゃくだい》という宮殿の瓦で作られているという。由来の真偽は定かでないが、時間と距離を越える出会いを北海道が媒介していたとは想像できる。

アイヌと和人の出会いは、残念ながら軋轢《あつれき》が多かった。十五世紀にはコシャマインが蜂起し、和人の館を次々と攻め落とした。花沢館《はなざわだて》にいた武田《たけだ》信広《のぶひろ》という人がコシャマインを討ち、蜂起は終結に向かう。信広の子孫が開いた松前藩は明治まで存続するが、アイヌにたいしてむごい収奪を行った。

そんな歴史が展開した北海道で、ぼくはあちこち寄り道しながら灯台を巡っている。上《かみ》ノ国《くに》町の海辺にある夷王《いおう》山に立ち寄ったのは旅の二日目。江差《えさし》の鴎島《かもめじま》灯台を訪れた後のことだった。

到着は午後四時くらい。標高百五十九メートルの夷王山は、青く晴れ渡った空と藍色に広がる海の間で、光る夏草に覆われていた。

「夕陽がきれいと聞いたのですが」

山をぶらぶら歩いていると、旅程をアレンジしてくれた担当編集者が申し訳なさそうに切り出した。

「きょう、夏至なんです」

なるほど夏至。ぼくはしきりにうなずいた。正確を期すれば一年で最も日の入りが遅い日はもうちょっと後らしいが、夏至と言われたほうが夕陽との隔絶を実感できた。

夷王山には、先述した武田信広が築いた勝山館《かつやまだて》という日本式の山城があった。いまは「勝山館跡ガイダンス施設」が建ち、飾り気のない名称とは裏腹に充実した展示で往時の繁栄を教えてくれる。

勝山館と周囲の墳墓群、集落を含む広大な遺構からは、さかんな交易を思わせる国内外の陶磁器、暮らしぶりを伝える日用品など十万点以上が出土している。骨角器、祈る対象に酒を捧げる祭具「イクパスイ」、所有者を示すしるし「シロシ」が入った器など、アイヌ文化に由来する出土品も数多い。また墓地にはアイヌの葬法に従った墓がある。

勝山館では和人とアイヌが共存していたと推測されている。喧嘩くらいはあったはずだし、望まぬ場所に住むしかなかった人もいるだろう。けれど、出土品の状態と量から考えれば、排除や強制のない時期が長く続いたことは間違いなさそうだ。出会いは軋轢ばかりではないのだ、と思いたい。

なお、夷王山では毎年、アイヌ式の儀礼でコシャマインの慰霊祭が行われている。そこでは和人を含め、かつての戦いで命を落とした人々が隔たりなく弔われている。

この日は滝瀬海岸に始まり、江差の街、江差追分会館、Café香澄《かずみ》、開陽丸記念館、鷗島灯台とたくさんの場所に立ち寄った。夷王山にも行き、さらにはカメラマン氏がハンドルを握る車で一時間半ほどかけて函館の街に着いても、まだ日は沈んでいない。ぼくは「なるほど夏至」とうなずきながら宿に入った。

夕食のあと、「海と日本プロジェクト」の阪口《さかぐち》あき子《こ》さん、山口健《やまぐちたけし》さんと合流する。阪口さんはバイタリティと地元愛にあふれた方で、会社を経営されたあと、いまは観光ＰＲに携わっておられる。

寡黙かつ腕利きの補佐役といった佇まいの山口さんの運転と阪口さんの案内で、夜の函館を見て回る。赤レンガ倉庫、公会堂、教会などの洋風建築は異国情緒にあふれていた。

函館ハリストス正教会のひときわ高い尖塔に、ぼくは目を惹かれた。もとは幕末に建てられたロシア帝国領事館の付属聖堂で、大正五年（一九一六）にいまの姿となっている。

函館はロシアとの関わりが深く、その歴史はまだ日本が鎖国していた寛政五年（一七九三）、遣日使節ラクスマンの来航にさかのぼる。幕末の開港を経て明治に入ると、函館は露領漁業の基地となり、日本船が出かけるだけでなくロシア船が来るようにもなった。ロシア革命後は亡命者が街にチョコレート店や喫茶店を開き、昭和になるとソ連漁業会社の進出やロシア語新聞の創刊があった。いまも旧ロシア領事館が函館の街並に色を添え、ロシアの大学が分校を置いている。国家間の関係が揺らいでも、連綿と培《つちか》われた人どうしの関係は揺るがず続いてほしいと思った。

ところで、函館のあちこちには黄色く塗られた消火栓がある。溝を彫った円柱に半球の蓋をかぶせた形で、欧米の映画に出てきそうな風情である。阪口さんによると戦前にアメリカから取り寄せたカタログや実物を手本に、函館で設計・製作されたものだという。

ロープウェイで函館山に登れば、有名な百万ドルの夜景が待っていた。左右がくびれた陸地いっぱいに瞬く光に、ぼくは座右の銘としている「花より団子」の言葉を忘れて見とれた。

展望台の裏手に回れば、津軽海峡が広がっている。夜だから海面は真っ暗だが、まぐろで名を馳せる青森県大間《おおま》町の明かりがはっきり見えた。こんなに本州に近いとは直に見るまで知らなかった。

かつての函館には道南十二館のひとつ、宇須岸館《うすけしだて》があった。宇須岸はアイヌ語のウスケシ（入り江の端）、もしくはウショロケシ（湾の端）から来ている。江戸時代には松前、江差と並ぶ松前三湊に数えられるほど発展し、幕末に開港地となり、ロシアの人々と交わり、アメリカ製の消火栓が設けられた。さまざまな人や物が波のごとく寄せては返し、いまの函館が形作られている。

ここで強引に話を変えるが、地球はうごめいている。

大陸はぶつかり、離れ、山は盛り上がり、崩れ、海面は上がり、下がる。

北海道の脊梁《せきりょう》をなす日高山脈は、白亜紀後期から新生代古第三紀に形成された。アバウトに言い換えれば数千万年前のことだ。そこに千島列島を造る千島火山帯と、日本の活火山の三分の一を従えながら奥羽山脈を造る那須火山帯が合流し、いまの北海道島となった。江差や夷王山、函館、その他各地に人間や文化の出会いが堆積する北海道は、大地そのものも出会いでできている。

今回の旅で、ぼくは那須火山帯の北海道側をうろうろしている。奇岩や崖が波に洗われる火山性海岸は、見ごたえある独特な景観を作っていた。ただし海面下にはたくさんの岩礁が潜み、潮流や霧が加われば、たちまち航海の難所に変わる。神威岬《かむいみさき》灯台はまさに岩だらけの場所にあった。鷗島灯台は付近での局部的な火山活動が造ったらしい小島に建っている。

旅の三日目、これから訪れる恵山岬《えさんみさき》灯台はズバリというべきか、活火山のふもとにある。

そう考えれば、うごめく地球の現在形を示す場所に灯台は建っている。

その日、函館朝市で朝食をいただき、出されたおかずに熊肉があって驚き、昭和七年創業というコーヒースタンドで食後のコーヒーを楽しみ、海辺に座り込む石川啄木の像を眺めるなど、恒例となった寄り道をしっかりこなし、いよいよ車で出発する。

車中では阪口さんがお手製のフリップを取り出し、とつぜん灯台クイズ大会が始まった。ぼくたちは賞品のサイコロキャラメルを獲得すべく、難問に頭をひねり、サービス問題に飛びつき、おかげでちっとも退屈しなかった。

一時間ほどで恵山岬に到着した。車を降りると空はどんよりと曇り、夏なのになんだか肌寒い。岬の周囲は崖。はるか下にある海岸では大小の岩がごろごろ転がり、荒い波が白く砕けている。風も強い。背後には恵山がそびえ、ふだん煙を噴き上げているという山頂は低い雲に隠されている。クイズで和気あいあいとしていた車中から一転、不穏な雰囲気である。

そんな景観の中に、恵山岬灯台は建っていた。ずんぐりした白い塔で、灯室の下にはバルコニーが巡らされている。荒涼たる海辺で静かに航海の安全を守ってきた姿は、威厳にあふれていた。

鷗島灯台でもお世話になった海上保安庁の髙橋潤《たかはしじゅん》さんが待ってくださっていた。背筋はぴんと伸び、物腰と笑顔は穏やかである。こんな大人になりたかったな、とつい思ってしまう。

髙橋さんの案内で灯台に入る。空気はひんやり冷たく、やや湿気があった。長い階段を登ると足音が大きく響いた。

塔の中心は太い筒が上下を貫いている。昔は中に錘《おもり》があって、その重さで綱を引っ張って光源を回転させていた。下がり切った錘は人間がハンドルを回して巻き上げていたそうだ。

最上階の灯室には、プリズムとレンズを円柱状に成型した不動レンズが鎮座している。銘板によると昭和二十四年製、塔も同時期の再建である。レンズの基台は耐震機能を備えた真新しいもので、点灯は外光を検知するセンサーで行う。新旧の技術がすんなり同居していて興味深かった。

灯室から外を眺める。灰色の海はずいぶん下にあり、ざらざらと波が立っている。垂れこめる雲はなんだか近い。ぼくは高所恐怖症というほどではないが、高いところはそれなりに怖い。髙橋さんが「外に出ましょう」と柔らかい笑顔でおっしゃる。ぼくはコクリと頷いたが、たぶん顔はこわばっていた。

とつぜん、ガアンと大きな音が聞こえた。バルコニーへ出る金属の扉が開かないらしい。

髙橋さんは屈強なご自身の肉体を何度も扉に叩きつけ、そのたびに「おかしいですね」と穏やかに微笑む。けっきょく扉は開かなかったのだが、灯台も髙橋さんも丈夫だなと思った。かくあってこそ日本の海は守られている。

恵山岬灯台は百三十余年前、鉄塔灯台として建設された。雪の時期は作業ができないから、別の場所で作った鉄のパーツをくみ上げる方式で工期を短縮した。といっても当時は道路がなく港も遠い。パーツは輸送船で沖まで運び、揺れる海上で小舟に積み替え、岩だらけの海岸からロープで崖の上まで引き上げていたという。話を聞くだけで当時の苦労がしのばれる。

海路を守る灯台は軍事的な価値も有する。太平洋戦争では日本各地の灯台が攻撃目標となった。苦労して建てられた恵山岬の鉄塔灯台も空襲に見舞われ、機能を失った。幸いにもすぐ戦争が終わり、数か月で仮点灯に至る。平和な戦後に再建されたのが現在の白い塔だ。

恵山岬灯台の周りは、芝生の広がる公園として整備されている。天候が良い日なら景色をゆっくり楽しめるだろう。

二〇二三年の一月には、恵山岬灯台のたもとにテントを張ってサウナを楽しむイベント「灯台サウナ」が開催されている。一枚噛んでいたらしい阪口さんは「灯台でととのうイベントです」と説明してくれた。楽しそうだとは直感しつつも、一聴だけでは理解に戸惑った。

ここで先述したロシアの遣日使節ラクスマンが登場する。彼は大黒屋光太夫《だいこくやこうだゆう》など日本人漂流者を伴って日本を目指し、まず根室に上陸した。父がサウナの本場フィンランド出身だからかもしれないが、根室に日本初と言われるサウナを作って越冬したという。それから船で西へ向かい、恵山岬あたりで霧に遭い、下北半島への漂着を経てやっと函館に入った。江戸幕府は海防の必要性を痛感したが、残念ながらサウナの悦楽には気づかなかった。

ここまで材料がそろっていれば、恵山岬灯台でサウナをせずにはいられない（と思う）。

「なるほどラクスマン」とぼくはしきりにうなずいた。

かつて、船舶は天体の光を観測して自船の位置や取るべき進路を把握していた。いまは人工衛星の信号を受信するＧＰＳが普及している。宇宙から降り注ぐ電磁波を利用しているることは変わらないが、精度はずっと向上した。だから近年、灯台の航路標識としての必要性は低下している。もちろん全ての灯台がなくなるということはないだろうけれど、運用数は年々減っていて、代わって文化財や観光資源としての面がクローズアップされている。

灯台は独特の佇まいを持ち、また風光明媚な場所にある。それぞれに長い歴史と、灯台守や地元の人々によるドラマを伝えている。周囲は公園や駐車場、観光施設が整備されているから訪れやすい。函館と恵山岬灯台を案内してくれた阪口さん、その前に鷗島灯台でお世話になった宮崎さんなど地元の方々も、灯台を起点にさまざまなイベントを実施されている。

そして、灯台の魅力はそれだけではない。

歌、伝説、広大な遺跡、戦争（は残念だけれど）、人間の出会い、文化の積み重なり、地球の躍動。灯台へ向かっていたはずのぼくは、その道中でさまざまなものに出会えた。もし旅行を計画するなら、とりあえず灯台を目指してよい。それだけで旅の楽しさは保証されると分かった。

目指すべき光を、灯台は放ち続けている。海を行く船にも、陸を行く旅行者にも、現代を生きるぼくたちにも。これまでも、きっとこれからも。

神威岬灯台
（北海道積丹郡）

積丹半島先端の灯台。周辺の海に神威岩など奇岩も多い。悪天候の際は遊歩道通行止めのほか、岬入口ゲートは季節により開閉時間が変わるので、積丹観光協会HPなどで確認を。

鷗島灯台
（北海道檜山郡）

江差の海際、鷗が翼を広げたような形から名のついた小島の頂に建つ、高さ12メートルの可愛らしい灯台。自由に登れる展望台や周辺はキャンプ場もあり、美しい夕陽が望める。

恵山岬灯台
（北海道函館市）

津軽海峡の太平洋側の端にある恵山岬に、本州からの輸送の要として明治23年に建設された。函館から車で約１時間。恵山道立自然公園では活火山の噴煙を間近に見られる。

清水灯台

永井紗耶子

Sayako Nagai

1977年静岡県生まれ、神奈川県育ち。
2010年「絡繰り心中」で小学館文庫小説賞を受賞しデビュー。
20年『商う狼　江戸商人 杉本茂十郎』で新田次郎文学賞、
23年『木挽町のあだ討ち』で山本周五郎賞、直木賞を受賞。
他の著書に『女人入眼』『きらん風月』など多数。

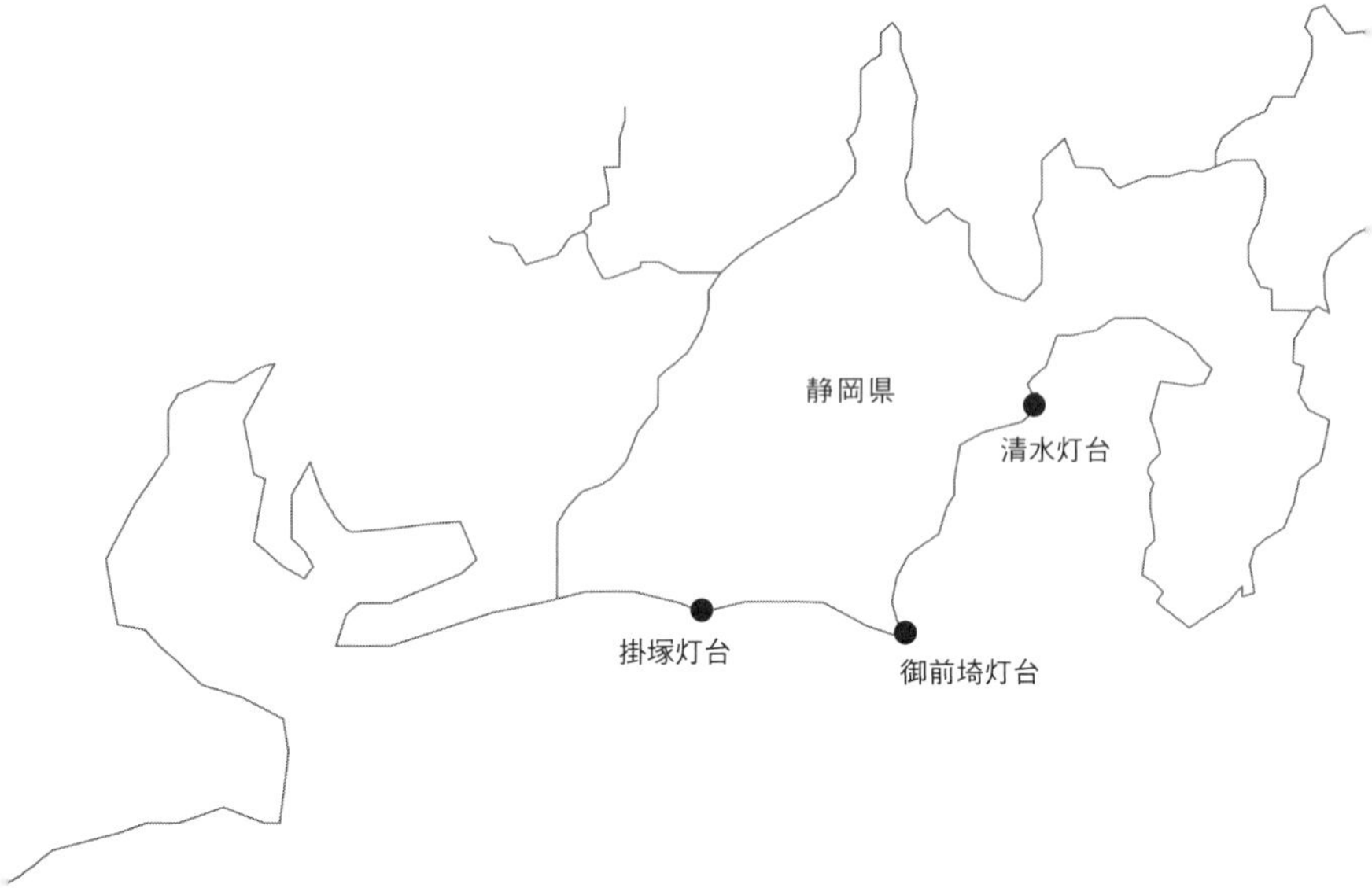
静岡県
清水灯台
掛塚灯台
御前埼灯台

幕府の終焉と明治の黎明のモニュメント

清水灯台〈静岡県〉

「灯台に行ってみませんか」

オール讀物の編集者、八馬祉子《はちうまよしこ》さんから言われた時には、

「は？　トウダイ……？？」

と、脳内で漢字変換できないくらい、ピンと来ていなかった。

究極のインドア生活が長く、夏だからといって海に出かけることもなければ、マリンスポーツもクルージングも縁遠い。港に遊びに行くと言っても、せいぜい近場で横浜のみなとみらいかお台場くらい。観光で漁港に行っても、手元の海鮮丼しか見ていない。

なんで私が灯台に……

「作家お一人につき、一つのエリアを巡るのですが、永井さん、所縁《ゆかり》のある静岡県でいかがですか？」

確かに、母方の実家もあり、大井川で産湯をつかった所縁のある静岡県。

「そこに建つ灯台と、それを巡る土地と歴史の物語を探る旅なんです」

そう言われると面白そうだ。

海辺にぽつんと佇んでいる灯台。何故、そこに建ち、どんな人々が携わって来たのか。そして今、どうしているのか。確かにそこには詩情溢れる物語がありそうな気がしてくる。

「行ってみたい……かもしれません」

かくして私は、期せずして、灯台と向き合う旅に出ることになった。

一月某日。

静岡駅に降り立った私は、コートの襟を立て、ぐるぐる巻きにしたマフラーに顔を埋めていた。冬のとりわけ寒い日であった。

「海辺に行くなら、夏が良かったですね」

八馬さんは言う。

「でもまあ、海に入るわけじゃないし。灯台だって建物だから」

気楽に構えていたことを、三日間の旅の終わりにほんの少しだけ後悔することになる。

とはいえ、これからは楽しい旅だ。

「やっぱり鰻《うなぎ》は外せませんよね」

何だろう……グルメ旅の様相を呈している気もするが、かく言う私の手元にあるのは、週末旅のガイドブックである辺り、既に重厚感からはかけ離れている。

しまった……他の方はずっしりとした灯台物語を書いていらっしゃるというのに、私はこのノリで良いのだろうか……。

若干の不安は、美味しい鰻の感想を言い合ううちに吹っ飛んだ。

「まずは、地元の産物を知ることから始めないと」

いい言い訳を見つけたものである。

今回のメンバーは、私と、オール讀物の編集者、八馬祉子さん、内藤淳《ないとうじゅん》さん、そしてカメラマンの橋本篤《あつし》さんの四人である。ペーパードライバーの私と、免許を持たない編集者二人……ということで、橋本さんに運転を一任。鰻でエネルギーをしっかりチャージしたところで、一路、清水《しみず》灯台の建つ三保《みほ》半島へと向かった。

三保と言えば、景勝地としても名高い「三保の松原」がある。まずはその三保半島の中心にある「御穂《みほ》神社」に参拝して、旅の無事を祈ることに。

御穂神社は、延喜式《えんぎしき》にもその名を記す古い神社である。冬ということもあり、観光客もおらず静かであったが、確かに歴史を感じさせる佇まい。神社に行くと、必ずその縁起を読んでみるのだが、何でもこの神社には、天女の羽衣の切れ端が奉納されているのだという。

むむ……ちょっと待て。

謡曲『羽衣』と言えば、謡曲百番の中でも有名な演目の一つだ。

〽いや疑いは人間にあり、天に偽りなきものを
この一節を初めて聞いた時、なんという美しい言葉の響きであろうと、しみじみと思った。

これは、漁師に天の羽衣を奪われた天女が、羽衣を返して欲しいと頼む場面で出て来る。漁師は「舞を舞って欲しい」と言うが、「裸のままでは舞えないので、先に返して」と頼む。しかし漁師は「先に返せば、舞わずに天に帰ってしまうだろう」と拒んだ。それに対して天女は言う。

「疑っているのは人であって、天は偽らない」

何とも、誇り高い天女のお答えである。

これは漁師と天女の問答なのだが、さながら人と天の関係性をそのままに表しているようだ。人は疑い深く弱い。一方で天は揺るがず、偽らず、そして時に残酷なまでに強い。

……それはともかくとして、この御穂神社に納められているものが羽衣の切れ端なのだとすると……

「漁師め……ちょっと千切って持ってたってことか」

やはり疑いは人にある。

気を取り直してふと目をやると、神社からまっすぐに松並木の参道が延びている。それは海へと続いているのだという。

「歩いてみましょう」

参道沿いには、ちょっとおしゃれなカフェや土産店などもある。冬ということもあって、今は人気《ひとけ》もまばらであるが、さすがは有名な景勝地だ。

やがて視線の先に鬱蒼《うっそう》とした松原が見えて来る。長年の海風のせいか、幹は太く這うように伸びている。何匹もの大蛇がうねっているようで、なかなかの迫力だ。そしてその松の向こうには、大きな青い海が広がった。

「海だ！」

思わず歓声を上げる。

いや、海水浴に来たわけでもなければ、夏休みの小学生でもない。でも、何でか分からないけれど、青い海が視界に広がると、わくわくした喜びが駆けあがって来る。そのまま松原を抜けて砂浜に向かう。

と、びゅーっと冷たい冬の風が吹きつける。

「寒っ……」

先ほどのはしゃいだ気持ちとは裏腹に、身を縮めつつ、ゆっくりと歩く。そしてふと左の方に目をやると、

「おお……富士山だ」

ドン、と、富士山が見えた。

青く霞《かす》む山の上には、白い雪を頂いている。

青い海、白い砂浜、鬱蒼とした松原、そして富士山。その色彩のコントラストは正に絵に描かれたようである。

「これを見て、浮世絵にしたくなる気持ち分かるなあ……」

東海道を旅した人々は、この景色を見た感動を伝えたいと思い、描いたのだろう。私もこれまで何枚も浮世絵で眺めて来たのだが、こうして目の前にすると、

「うわあ……」

という、語彙《ごい》力の欠片《かけら》もない感嘆しかない。

この浜に漁師や海女の姿を見た人が、創作意欲に駆られて『羽衣』を書くのは納得できる。ここは、天から天女が舞い降り、そして飛び去るのに相応《ふさわ》しい景色だ。

「さて、いよいよ本題に参りましょう」

鰻、絶景と、土地の魅力を知ったところで、目指す灯台へと向かった。

三保の松原から清水灯台までは、車で十分ほど。三保半島の突端にある。車を降りて見上げると、つるりとした白い肌を持つ灯台がすっと立っている。

「きれいですね」

それが最初の印象だった。

灯台を個別に比べて見たことがないのだが、この清水灯台は、しなやかで細身で美しいな、と思った。

「日本で初めての鉄筋コンクリートで造られた灯台なんです」

教えてくれたのは、現地で待っていてくれた海上保安庁の深浦勝弘《ふかうらかつひろ》さん。

この灯台が建てられたのは、明治四十五年（一九一二）のこと。当時としては最新技術であった鉄筋コンクリート製ということもあり、完成から七カ月で二万人が訪れたという。

「観光スポットだったんですね……」

灯台というと、どこかポツンと寂しい場所に建っているような気がしていた。

どうしてそう思ってしまうのかというと、やはり映画『喜びも悲しみも幾歳月』のイメージによるところが大きい。過酷な自然と向き合い、夫婦で支え合いながら苦労する……そんな印象である。

「ここは、すぐ裏手に官舎があったんですよ」

深浦さんによると、灯台の後ろには広い官舎が設けられていた。こちらも当時としては最先端の住居で、灯台守は家族と共に暮らしていたという。役人として給料も安定し、オーシャンビューの住まいがあり、最先端の灯台を任される。

「ここの灯台守はかなりハイカラさんな暮らしぶりだったのでは……」

そう思わせる暮らしが想像された。

「これなら、夫婦で赴任しても耐えられますね」

などと、やっぱり『喜びも悲しみも……』のイメージを引き合いに出しつつ、当時の様子を思い浮かべる。

「今は自動で点灯するのですが、平成七年（一九九五）までは灯台守がいたんですよ」

と、深浦さん。意外と最近まで、人力でのチェックが欠かせなかったらしい。

「最後の灯台守の娘さんがデザインしたのが、この清水灯台の特徴の一つでもある、天女の風見鶏なんです」

頭上を見上げると、清水灯台のてっぺんには確かに天女の姿を象《かたど》った風見鶏が、右へ左へとひらりひらりと舞っている。

何となく、この灯台そのものの佇まいも、能舞台で見る、白い着物の天女の姿に似ているように思える。

「では、中に入ってみましょう」

安全のためのヘルメットを装着し、いよいよ灯台の中へ。

スレンダーな清水灯台の中は、やはりスレンダーである。はしごのような急な階段を昇り、人一人がやっと通り抜けられるフロアを潜って、ようやっと灯ろう部に辿り着いた。

そこには大きな目玉のような形のレンズがある。

「大きいものなんですね……」

灯台のライトの形など、これまで想像したこともなかった。

「ここで使われているのは五等フレネルレンズといって、サイズとしては小ぶりな方なんです」

それでも高さ５４１㎜、レンズとしては十分に大きさを感じる。灯りの種類は、メタルハライドランプというもので、灯してから一分以内はエメラルドグリーンに光り、次第に白くなっていくという。

「薄暮の時、ライトがつく瞬間のエメラルドグリーンを見たいという灯台ファンも多いんですよ。今、やってみましょう」

その場で灯してもらうと、確かに初めは幻想的な緑色。それがじわりと白く変わり、光も強まる。ゆっくりと目を覚ましていく姿にも思え、何とも魅惑的な瞬間である。なるほど、これを見たいと思うのも分かる。

「では、少し、外に出てみましょうか」

深浦さんは、気楽な調子で言う。

「外……って、外ですか」

確かに灯ろう部の外には、人一人が立てそうな幅のテラス部分がある。手すりもついている。が、かなりはしご状の階段を昇って来た。

「高さ、ありますよね」

「そうですね。地上からは15mほどでしょうか」

そして、腰ほどの高さの戸を潜って、深浦さんは外に出てしまう。灯ろう部にはもう一人、カメラマンの橋本さんがいたのだが、彼もまた、慣れた様子で外に出る。

よし、ここは行くしかない。

改めてヘルメットの紐を確かめ、スマートフォンのストラップのフックをショルダーバッグに引っかけて、ゆっくりと外に出た。

「風……すごい……」

海から吹く風が、灯台に吹き付けて来る。そして同時に、空からの日差しと、海面に反射する光で、ともかく眩しく感じる。

「ここから、焼津の港にまで光は届くんです」

肉眼では焼津の港ははっきりとは見えないが、以前、海鮮丼を食べに出向いた場所を思い返しながら、なるほど、と、思う。

「こっちを見て下さい」

先に行っている深浦さんの案内で、私は灯台に背を預けたまま、カニのような横歩きで進む。

「おお！　これは凄いですね」

そこには浜辺で見た時とはまた違う、連山を従えた富士山が荘厳な姿を見せていた。

目の前に広がる海は、穏やかに凪《な》いでいる。

「ここは、駿河湾の中では海難事故も少ない穏やかなところなんです」

そのため、明治のはじめ頃には灯台建設に「急を要することはない」と言われていたらしい。しかしその後、地元の人々の要請もさることながら、最も大きな理由となったのは、「貿易」であったという。

「ここから海外にお茶を輸出していたんです」

となると、やはり茶畑を見に行きたくなる。

海上保安庁の方々とはここでお別れし、一路、西へ向かって一時間ほど。

「越すに越されぬ大井川」を、車は一瞬で通り過ぎて山道を上がる。次第に標高は高くなり、眼下に大井川を見下ろす。その島田市金谷の高台にあるのが、「ふじのくに茶の都ミュージアム」。辺りは一面の茶畑である。息を吸い込むと空気は澄んで爽やかに感じられる。

元々、茶の栽培が行われていたが、ここまで広大になったのは、明治時代以降のこと。江戸幕府が瓦解し、徳川家に仕えていた武士たちは、最後の将軍である慶喜を慕って静岡に入った。しかし最早、役目もなければ禄もない。そこで彼らは、茶の栽培を始めたのだという。

更に、かつて橋のない大井川を渡るために蓮台《れんだい》などを担いでいた「川越人足」たちも、明治に入って大井川に橋が架かるようになると失業し、開墾に携わるようになった。

そんな彼らを資金面で支援していた一人が、勝海舟であったという。

こうして作られた茶は、明治の初めは、横浜港に運ばれて海外へ輸出されていた。その後、品質管理を徹底すると共に、静岡で火入れの加工をして商品を仕上げられるようになったことから、清水港から直接、海外へ輸出することができるようになった。結果、海外から来日した商人たちが、静岡に商館を構えるようになり、ますます輸出量は増大。清水港に入る船も増えて行った。

そうした時代の要請が、あの清水灯台の建設に繋がって行ったのだということが分かった。

淹れてもらった静岡茶を、のんびりと飲みながら、茶畑の向こうに聳《そび》える富士山を見て、ほっこりと一息。

「まさか、こんな山の中の茶畑と、あの清水港が繋がっているとはねえ……」

旅のはじまりの時には思いもしなかった。

あの、すらりとした天女のような佇まいの灯台は、江戸幕府の終わりをチャンスに変えた、静岡の人々のモニュメントでもあるのかもしれない。

海から来る「戦」と「宝」

御前埼灯台〈静岡県〉

海沿いの道を、車は一路、灯台を目指して走る。後ろの上空からドローンで撮影したのなら、さぞや美しい映画のワンシーンが始まるかのような場面である。

ただ、今は冬。

中に乗っているのは、コートを着込んだ作家と、編集者とカメラマン。しかも絶賛、迷子中である。

「あれ、この辺りでナビが終わっているんですが……」

ナビは確かに目的地「御前埼灯台《おまえさき》」を示している。え、と言いつつ、窓の外を見てみると、遥か上の方に白い灯台が佇立《ちょりつ》しているのが見えた。

「あれですね。どこから上がるんだろう」

もう一度、ナビと共にスマートフォンの地図アプリで確かめる。そして、坂道を発見し、車を走らせた。

辿り着いた先の高台からは、海を見渡すことができた。旅館もある。白い灯台の前には芝生の広場もあり、明るい雰囲気。

「お待ちしていました」

声を掛けてくれたのは、御前埼灯台を守る会の会長、齋藤正敏《さいとうまさとし》さん。

「この辺りの遠州灘は、船の難所と言われていて、昔は多くの船が転覆したそうです」

黒潮と、駿河湾に注ぎ込む川の流れが激しくぶつかる場所であると同時に、多くの暗礁があるこの辺りは、長い歴史の中で幾度となく多くの船乗りを苦しめて来た場所でもあった。

この日も風が強く、海には波が立っていた。

しかし、それも悪いことばかりではないらしい。

「最近では、この波を利用して、サーフィンの国際大会も開かれているんですけどね」

なるほど、ここは確かに「伝説の波」とかもありそうだ……などと、およそマリンスポーツとは縁遠く、バブル期の映画くらいしか知らない私は、ぼんやりと想像したりした。

「そして、こちらが御前埼灯台です」

そう、今回の主役のお出ましである。

御前埼灯台は、ドンとした重厚感のある佇まいである。

この灯台が完成したのは、明治七年（一八七四）。新政府が成立して間もなくのこと。日本のみならず外国の船にとっても、この海域を安全に航行するためには灯台は不可欠であったのだ。

灯台を手掛けたのは、御雇外国人の技師のリチャード・ヘンリー・ブラントン。

「ん？　何か、聞き覚えのある名前……」

と、私が思うのも当然と言えば当然のこと。

ブラントンは、日本全国各地の灯台を建てた技師として、この連載の中でも度々その名が挙がっている。そして同時に、横浜の居留地や公園の設計を行ったことから、今も横浜スタジアムの広場にシルクハットを被った胸像が立っている。横浜住人として、何度か見かけたことはあったのだが、まさか、御前崎《おまえざき》でその名に遭遇するとは思いもしなかった。

「はあ……こちらの灯台も手掛けていたんですね」

当時としては、最先端の技術者であったブラントンが招かれたことからも、この灯台の重要性が分かる。

「では、中に入ってみましょう」

中に入ってみると、しっかりとした螺《ら》旋《せん》階段が続いている。ぐるぐると目が回りそうになりつつ上がって行くと、大きなレンズが鎮座する灯室に辿り着いた。

「これはかなり、大きいですね」

三等大型のフレネルレンズ。高さ1・57mとのことなので、レンズだけでほぼ私の背丈と同じくらい。それが台の上に載っているので、見上げるような形になる。

「灯台が出来た当初は、一等閃光レンズといって、高さが2・59mはあったそうですが、戦争で破損したそうです。戦後になって、この大きさになりました」

なるほど……しかし、今でも十分に大きい。

そのレンズの脇には、灯台の外にせり出した踊り場がある。

「なかなかの絶景です」

とのことで、外に出てみた。すると、ぶわっと風に煽られ、思わず、うっと顔を顰《しか》めてしまう。高台ということもあり、遮るものは何もない。だからこそ遠くまで光が届くのだろうが、その分、風も強い。

遠くを見てみると、水平線とはこのことか、という景色。「地球の丸さを感じる」と言うけれど、正にその通りの風景である。

そしてふと、視線を左に向けてみると、波の間に小さな灯台のようなものが見える。

「あれは、御前岩《ごぜんいわ》灯台です」

暗礁の多いエリアを示すために、岩に作られた世界初の海上三脚灯台だとか。

「ここまで来ると危ないということを報せるために、灯台とはまた別に、昭和三十三年(一九五八)に設置されたんです」

どっしりと構えた陸の灯台と、ぽつんと佇む海の中の灯台。二つが遠く呼応しながら、沖をゆく船の安全を守っているのだ。

「なんか、可愛いコンビですね」

「御前崎には、この灯台が建つ以前から、灯明堂というのがあったんです」

御前埼灯台を守る会の齋藤さんの案内で、灯台の外へ出た私たちは、灯台の広場近くにある小さな建物を見た。

それは、見尾《みお》火《び》燈明堂という。

「古くからこの地に住む人々は、船の航行の安全の為に、夜通しここに火を焚いていたそうです」

建物は、高さ2・8mで3・6m四方。小さな茶室ほどの小屋である。しかも、外から灯りが見えるように、油障子で囲まれているだけで、壁はない。

「これ、冬はかなり寒いのでは……」

夏はいいかもしれない。しかし、取材に訪れた一月には、日差しがあれば暖かいが、かなり強い風が吹きつける。しかも、夜になれば冷え込むことは間違いない。

「風が強くて、建物が飛ばされないように、下に重しの石が積んであるんです」

と、建物の下も覗けるようになっている。

しかし、建物が飛ぶレベルの風が吹きつけたら、さすがに火も消えそうだが……

「そのために、村人が二人ずつ、毎夜、風よけをしつつ、火が消えたらつけ、寝ずの番をしていたそうです」

「この吹き曝《さら》しで一晩中……って」

映画『喜びも悲しみも幾歳月』で描かれる灯台守よりも、遥かに過酷な役目である。

「それでも、ここで火を灯すことが、この土地の衆にとっては誇りでもあったと思いますよ」

見尾火燈明堂は、寛永十二年（一六三五）三代将軍家光の時代に作られたのだという。幕府からは灯油や障子紙なども支給されており、この灯明堂で火を灯すことは、この地の人々に代々受け継がれてきた役目でもあった。

そして、小説家の新田次郎《にったじろう》は、短編「灯明堂物語」で、この見尾火燈明堂について描いている。

物語の舞台は幕末。

江戸幕府は、薩摩の船がこの海域を航行する際に、灯明堂の火を消し、別の場所に灯りを灯せと命じる。遠州灘を行く薩摩の船を座礁させるのが目的だった。しかし、船の安全を守ることを誇りにしてきたこの土地の人々にとってそれは受け入れがたい。葛藤の末、仮の灯明堂も作るが、二人の若者は、見尾火燈明堂にも火を灯し……

と、いった話である。

正にこの灯明堂の灯りが戦の……ひいては国の命運をも左右する可能性もあったのだろう。

そして、灯明堂は明治に入って「灯台」へと変わった。

そして近代になってからもこの灯台と「戦」は関わることになる。

「こちらの資料館の方も御覧下さい」

案内されたのは、灯台守の官舎であった建物を改装した資料館である。

そこには、御前埼灯台の歴史や特徴について展示されているのだが、そこにあった一枚の写真は、正に「満身創痍」の御前埼灯台の姿である。

「戦時中、敵機の攻撃で破壊されたんです」

太平洋戦争の最中、この御前埼灯台は本来の役目ではなく、海軍の防空監視塔が架設されることになった。海の向こうからやって来る敵機をいち早く見つけることが出来る、静岡最南端の高台という立地だからだ。

昭和二十年（一九四五）の七月二十四日。米軍のB29爆撃機や艦載機は御前崎上空から日本の本土に侵入。そして同時に、御前埼灯台は機銃掃射を受けることとなる。それから二十八日まで太平洋からこの御前崎を通って、敵機は再々にわたり来襲。

灯台はレンズ、灯器、回転機械など悉《ことごと》く破損。かつて「白亜の灯台」と称されたブラントンの手による近代的灯台は、その本体も蜂の巣状態になるまで銃弾を浴びた。

「灯台はいわば、最前線なのですね」

日本は島国であるからこそ、海によって国土を守られているとも考えられる。しかし、異国船来襲の頃から、その考えも変わって行った。

江戸時代の学者、林子平《はやししへい》が書いた『海国兵談』には、こんな一節がある。

「江戸の日本橋より唐、阿蘭陀まで境なしの水路なり」

海には境など何もないのだ。

蜂の巣のように銃弾の痕を残し、灯室が壊れかけた灯台の写真を見ながら、改めてそのことに思い至る。

多くの船が座礁、遭難したという遠州灘であるが、そこにあるのは悲劇ばかりではない。

「何と言っても、さつま芋が来ましたからね」

明和三年（一七六六）のこと。

薩摩の御用船であった豊徳丸が遠州灘で難破し、御前崎沖で座礁するという海難事故が発生したという。地元の村役人であった大澤権右衛門《おおさわごんえもん》は、村人たちと共に船員の救助に当たった。

「お礼をしたい」

薩摩藩から謝礼を渡そうとしたところ、大澤は「座礁船を助けるのは当然のこと」と、それを拒んだ。それでもお礼を、と、薩摩藩は当時、門外不出とされていたさつま芋の種芋と、その栽培方法を伝授した。以来、この周辺の地域では、さつま芋の栽培が盛んになったのだという。

「この辺りは、遠州のからっ風というほど、風が強いですから、干し芋にも向いているんです。最近では、埼玉や茨城でも干し芋が盛んだそうですが、静岡の名産でもあるんですよ」

そう言えば、以前、取材に来た時にも、掛川の町中に干し芋の幟《のぼり》を立てた店があったのを思い出す。静岡に住む親せきからも度々、干し芋が送られてきたこともあった。

また、御前崎から少し西にいった福田《ふくで》漁港の辺りでも、海難事故は起きている。

寛政十二年（一八〇〇）のこと。

清から長崎に向かおうとしていた船が、この遠州灘で遭難した。「異国船が難破した」ということで、周辺では大騒ぎとなった。船は清国寧波《ニンポー》の商船「萬勝号」といった。当時、異人が国内に上陸することは禁じられていたため、八十人余りの船員たちは降りることもできず、漕ぎだすこともできずにいた。慌てた掛川藩の家臣たちが、船の様子を見に行くと、暇を持て余した船員は、宴を催していたという。その後、役人たちは、漢字を用いて清国の人々と話し合いを重ね、別の船を仕立てて、彼らを再び長崎に送り出して事なきを得たらしい。

その時のことを、滝沢馬琴《たきざわばきん》が興味津々で『著作堂一夕話《いっせきわ》』という本に書き記している。それによると、長崎などで流行っている明清楽《みんしんがく》、いわゆる清国の音楽が、遠州にも伝わったと記している。

遭難や座礁によってもたらされる悲劇もたくさんあったのだろう。しかし同時に、こうして助けられたからこそ、人との交流、文化、音楽、そして農作物が、この地にもたらされたのだろう。

見尾火燈明堂の時代から、長い歴史を経て今に残る御前埼灯台。

「戦後になってからも改修工事を重ねて来たのですが、実は最近になってこの建物が、二重構造になっていることが分かったんです」

平成二十八年（二〇一六）の改修工事の際、建物を再調査してみたところ、この灯台が、レンガの外壁と、内壁の二重構造になっているということが判明したのだという。この二重円筒構造や、土台部分をコンクリートで施工するといった技法は、当時としては正に最先端であると共に、大変珍しいものでもある。

「そのことによって、この御前埼灯台は、今は文化財として登録されているんです」

映画『喜びも悲しみも幾歳月』の撮影も行われたとのことで、最盛期には大勢の観光客で賑わった。

現在も、灯台前の広場では様々なイベントが開催されており、地元住民はもちろん、この遠州灘の波を求めて来るサーファーや、灯台ファンたちが訪れる名所となっている。

高台から広がる大海原を眺める。

「海の向こうからは、戦も文化もやって来るんだな……」

海に囲まれた島国だからこそ、変化は向こうからやって来る。行き詰まりを感じた時には、こんな風に灯台の立つ突端で、海と対峙するのもいいかもしれない。

灯台を満喫し、齋藤さんや海保の方々と別れた取材陣一行は、再び車を走らせる。

「明清楽も干し芋もいいけれど、やっぱり一番の海の幸は海鮮ではなかろうか」

海鮮料理の店に行き、地魚の刺身や唐揚げを注文。強い風ですっかり凍えた体が、あら汁を飲むうちにほぐれてくるのを感じた。

「見尾火燈明堂で、寝ずの番をしていた人に、このあら汁を飲ませてあげたい……」

さぞや寒い思いをしていたであろう、数百年前の人のことを思う。

帰り道、車の窓から再び、御前埼灯台の白い姿が見えた。どっしりと身構えたその佇まいは、長い歴史の中で、多くの船を見守って来た不動の自信にも似たものを感じさせる。

「今度、横浜スタジアム近くを通ったら、改めてブラントンさんに挨拶しなきゃいけない気がしてきました」

海の向こうからやって来た人が造ったものが、海の向こうを見つめている。

何とも頼りがいのある美しい姿である。

山の恵みと志の灯台

掛塚灯台〈静岡県〉

掛塚《かけづか》灯台に辿り着いた時、その余りの風の強さと冷たさに、冬の海の厳しさを感じた。風が強く吹きつけるのは周りに何もないからでもある。海岸線に面し、砂州が近いところにポツンと立っている白い灯台。そこに向かって真っすぐに歩いて行く。その風景は、どこか地の果てまで来たかのような寂しさと、ショートフィルムのようなセピア色の風景にも思える。

しかし、そこに立っている当人たちは、寂莫《せきばく》とした心地などとは無縁である。髪の毛は逆髪の如く靡《なび》き、首に巻いていたマフラーは吹き飛ばされそうな勢いである。そして、風は肌に突き刺すように冷たく、

「寒いね」

と言った先から、口の中まで風が吹きつける。

「風が冷たくて歯が痛いです」

編集者の内藤淳さんの言う通り、歯まで沁みる。

「風が歯に沁みるって、歯医者でしか感じないですよね」

などと言って、ガタガタと歯の根が合わない寒さに大笑いしていた。

いよいよ灯台に近づいた。

さあ、灯台の中に入れば、少しは風を凌ぐことができるはずだ。

そう思った私たちの前に現れた掛塚灯台。目の前にあったのは、はしごである。

「これ……このはしごを登るのですか」

そう。外付けのはしごを登ったところにドアがあるのだ。

「ヘルメットをどうぞ」

海上保安庁の近藤大輔《こんどうだいすけ》さんに手渡されたヘルメットをしっかりと被る。ショルダーバッグのストラップを斜めに掛けた。

「風が少し止んだ隙に行こう」

覚悟を決めて、はしごに手を掛ける。

「下を見ないようにして下さい」

先に上に登っている海保の深浦さんの声に導かれ、手元だけを見て登る。そうしている間に、またしても刺すように冷たい風がビューッと吹いて来る。はしごにしがみついて、ひいいい、と小さく悲鳴を上げながら、ようやっと灯台の中へと足を踏み入れた。

「これは……怖い……」

ここまで来るだけで、運動音痴の私にとってはなかなかのスリルがあった。

一旦、中へ入ると、風の音もなく静か。温かさもあり、守られている安心感があった。

中に入ってから細いはしごを登り、ようやく灯室に辿り着いた。

見渡す限りの海。そして、その近くには風力発電の風車が見える。

「なるほど……せっかくの強風ですもんね」

と、先ほどの身を刺す風が、エネルギーに変わるのだということを改めて痛感する。

ここは、遠州灘に面していると同時に、天竜川の河口でもある。豊臣秀吉の時代から、山の上で伐《き》り出された材木を筏《いかだ》にして川に流し、この掛塚湊から出荷していたという。江戸に火事があれば、この土地の木挽きと廻船問屋が大いに儲かった……という話もあったらしい。

「丁度、江戸と大坂の中間の湊として、江戸時代には栄えていたそうですよ」

大正時代以降は、交易の港としての役割を終えているが、灯台は今も、沖を行く船を照らしているのだ。

灯室にあるレンズは、ＬＥＤのフレネルレンズ。動かずに、点滅して辺りを照らしている。

　ふと灯室の天井を見上げてみる。

「あ、鉄板なんですね」

　この灯台は、下部はコンクリートでできていて、上部は鉄製になっている。むき出しの鉄の天井が、何とも素朴な雰囲気を感じさせる。

「官営の灯台が完成したのは、明治三十年（一八九七）なんです」

　しかし、平成十四年（二〇〇二）になって海岸の浸食や、東海地震対策のため、現在の場所に移設されたのだという。

「ただ、この掛塚灯台は、官営ができる前に、私設の灯台があったんです」

　その物語こそが、この掛塚灯台の面白さと言っても過言ではない。

「あの、改心灯台ですね」

　そう。まずはその私設灯台のことを知るために、私たち一行はこの灯台に来る前に、磐田市歴史文書館を訪ねていた。

「掛塚灯台を見る前に、ぜひ、立ち寄って欲しい所があるんです」

　この取材の日程を相談している時、編集の八馬祉子さんから提案を受けていた。

この掛塚灯台を語るには、その灯台が建つ以前にあったという私設の灯台について、知っておいた方がいいというのだ。

そこで磐田市歴史文書館に赴いた私たちは、職員の佐藤清隆《さとうきよたか》さんから、お話を聞くことになった。

最初に足を踏み入れたのは、歴史文書館のそばにある竜洋《りゅうよう》郷土資料館。

「この辺りは、天竜川の上流で伐採した材木を売ることで栄えてきました。木挽きと縁が深い町なんです」

と、私の著書『木挽町のあだ討ち』にかけて説明して下さった。

江戸の昔、掛塚は「遠州の小江戸」と呼ばれ、山と海の恵みを受けて来た土地でもある。そうして栄えた掛塚湊には、幕末に至るまで灯台と呼べるようなものはなかった。

「掛塚に灯台を建てることを決めたのは、荒井《あらい》信敬《しんけい》という人物でした」

この荒井信敬は、幕末、幕臣であったという。明治維新の後、現在の静岡県袋井市に移り住み、茶園の開墾に従事していた。

しかしある時、信敬は、この天竜川の河口付近で難破する船が多いことを知った。山の方で大雨が降ると川の水は増え、それが河口で激しい流れとなる。その上、川から流れ出た砂が沈殿しており、潮の流れに舵を取られて座礁する船が多かったのだ。

「船を守るためには、灯台が必要だ」

そう思い立った信敬は、自ら私財を投じて灯台を建てることを決意した。

「そうして建てられたのが、最初の掛塚灯台です」

明治十三年（一八八〇）に造られたそれは、現在のものとは違い、木造で高さはおよそ七メートル。ランプなどは設置できるはずもなく、木綿を芯にして菜種油を灯すといったものであった。

「自ら、この灯台に泊まり込み、火を守ったのだそうですよ。その燃料費も自腹を切るために、彼が愛用していたのがこの『改心棒』と名付けられた盃です」

写真で見せられたのは、底が丸くなっている盃である。

「荒井信敬は、大変、酒が好きだったそうです。それを一杯だけで我慢して、灯台の燃料の為のお金をねん出したそうです」

一杯を飲み干したら、盃を寝かせて、二杯目を注がない。そうして浮かせた酒代を、灯台の維持費にして、船の航海の安全を守ったらしい。そのため、当時からこの灯台は「改心灯台」と呼ばれていた。

「そこまでしたのは何故なんでしょうねえ」

一説によると、幕末の動乱期、幕臣であった荒井信敬は、榎本武揚《えのもとたけあき》が率いる美加保丸《みかほ》に乗り込み、一路、北海道を目指したという。しかし、その航海の途上、銚子沖で船は沈没。信敬は辛くも助かったのだが、大勢が亡くなった。また、新政府軍によって囚われて殺された者もいた。

同志たちを失いながら生き残った彼は、だからこそ、遠州灘での船の遭難が他人事ではなかったのだろう。

「私財をなげうってまで灯台を建てたのなら、さぞや周囲の方々に感謝されたのでは」

そう言うと、佐藤さんは首を傾げた。

「それが、反対も多かったそうです」

船の難破は、この海域ではよくあることであった。そのため、難破船から流れ着いたものは、彼らにとって日常的に手に入る物資でもあった。灯台が出来ることによって、船が安全に航行するようになるということは、難破船がないということ。それを損失と考えた人たちもいたのだということ。

「何度か放火されたこともあったとか」

木造であるために、すぐさま燃えてしまう。それでも信敬は諦めず、再び建て直す。

「すると今度は、津波に飲まれたとか」

「それは大変な……」

「しかも、当人も一緒に流されているんです」

何せ、泊まり込みで火の番をしている。灯台のみならず、本人もまた海に放り出された。しかしここでも信敬は戻って来る。

「凄いですね……」

何とも強運というか、灯台を守る運命を背負っているというべきか……。

かくして荒井信敬が正に身命を賭した「掛塚灯台」は、完成から五年後、掛塚湊を管理する豊長社《ほうちょうしゃ》によって維持管理が引き継がれることになった。やがて、私設灯台の廃止が決まり、この掛塚灯台は、官営となる。

「改心灯台が出来てから十七年、やっと官営の灯台が出来たんです」

それが、下はコンクリート製、上は鉄製による、現在の灯台である。

高さは十六メートル。

荒井信敬が建てた改心灯台の倍以上ある立派なものだ。

「こちらが、その二つが写っている写真です」

展示されているのは、荒井信敬が建てた木造の灯台と、官営の灯台が並んでいる写真である。

新しく建った白亜の灯台を一目見ようと、訪れる人々がいて、その最新技術を称えるかのように、国旗が翻《ひるがえ》り、祝賀ムードに溢れているのが分かる。上のテラス部分には、恐らく役人と思われる人々が立ち、見物に来た者と、隣の改心灯台を見下ろしている。

その二つの対比を見ていると、荒井信敬の渾身の改心灯台が、何とも可愛く健気に見えて来るものだ。

「反対されても、燃やされても、それでも守って来たんですよね」

荒井信敬の志が認められた証しでもあるけれど、同時に、ほんの少しの寂しさも感じられた。

かくして、歴史文書館で、しっかりと「改心灯台」の話を聞いてから辿りついた現在の掛塚灯台。

天竜川の河口近くのその灯台は、正に荒井信敬の強い志によって建てられたものだということを痛感する。

「この海で、自分と同じように船の難破によって運命が狂わされる人がいないように、祈っていたんですね」

しみじみと感じつつ、帰途につこうとした私は、そこで再び、

「あのはしごを降りるんでしたね……」

ということを思い出す。

再び、ヘルメットのベルトをぎゅっと締め直し、そこから恐る恐る、外側のはしごを下って行く。軍手をしてもなお手がかじかみながら、ともかく無事に地面に足が着いた時、ようやく、ほうっと吐息をついた。

地面について改めて見上げると、その佇まいは何とも静かで落ち着いている。実物こそ見ることが出来なかったが、木造の「改心灯台」の精神を、この白亜の灯台も引き継いでいるのかもしれない。そんな風に思った。

掛塚灯台を後にした取材班一行は、車を走らせた。

「せっかくなら、浜名湖まで行きましょうか」

何が「せっかく」なのかは分からないが、旅はいきあたりばったりが楽しい。

大きな湖を眺めつつ、舘山寺《かんざんじ》への階段を昇る。

本堂に辿り着き、お参りをすると、そこにドンと鎮座する天狗の巨大な面がある。

「お、ここにも天狗」

今回の旅では、灯台と共によく出くわして来たのが天狗である。

竜洋郷土資料館で見た、「掛塚祭」の紹介によれば、灯台からほど近い貴船神社の大きな祭で、壮麗な神輿や屋台が出るらしい。その先頭を行くのが、竹馬という神事。江戸時代から、選ばれた若者が猿田彦という神に扮し、天狗の面をつけて、神輿の通る辻でバレンと呼ばれる竹のささらを打ち付けて穢《けが》れを払う。祭りのお囃子は県の指定文化財であるという。

「あと、あそこにも天狗がいましたよね。可睡斎《かすいさい》」

掛塚灯台に行く前日、袋井市にある古刹、可睡斎に出向いた。応永八年（一四〇一）に開山したこの寺は、その後、十一世となる仙麟等膳《せんりんとうぜん》和尚の時代には、徳川家康が過ごしたことでも知られる。名前の由来となったのは、居眠りをした和尚に対して、家康が「和尚、睡《ねむ》る可《べ》し」と言ったことであったとか。

その境内にも秋葉総本殿と呼ばれる本殿があり、階段の両脇には天狗が睨みをきかせているほか、あちこちに天狗の面があった。

「秋葉山との繋がりなんでしょうねえ」

秋葉山は天竜区の赤石山脈の端にある山である。古くから山岳信仰の地でもあり、山伏たちが行き交った場所でもあった。

火伏の霊験で知られる秋葉大権現は、江戸時代にも広く信仰を集め、遠州秋葉参りが流行したらしい。更には、日本各地に秋葉権現が祀られ、秋葉神社が広がっていったのだとか。

「灯台の近くにも、秋葉常夜灯がありましたよね」

灯台の近くにあった石造りの常夜灯は、海から山へと続く街道沿いにあるという。

「あと確か、御前崎の灯台の近くにも、秋葉の名前の公園がありましたよ。灯明堂が出来る前には、その参道の灯りを、船の目印にしていたって、お話がありましたよね」

舘山寺の山を登り、高台から雄大な浜名湖の景色を改めて眺める。

「山岳信仰の天狗と、海の近くの掛塚の辺りの天狗、そしてこの浜名湖の天狗……なんというか、山と海って、繋がっているんですね」

山で伐られた木を、筏に組んで天竜川に流していた木挽きの人々がいた。そして、それを売るために、江戸へと運ぶ廻船問屋の人々がいた。それによって湊は活気に溢れ、船が行き交うからこその事故もあった。

近代の灯台を巡る旅をしていたのだが、思いがけず、大昔から山岳信仰の象徴となっていた天狗と行き会った。

「海や港が、そこだけで成り立っているわけではないんですね」

遠く離れているかに見える山と海。

しかし、海沿いの町の発展と、山の営みは繋がっている。そのことが天狗を介して見えて来た。

「海と山を、天狗が繋いでいるみたい」

灯台の灯りが照らす海を、遠く秋葉山から眺める天狗の姿があるような気がした。

清水灯台
（静岡県静岡市）

高さ約18メートル、明治45年点灯。日本初の鉄筋コンクリート造りの灯台であり、令和４年、国の重要文化財に指定されている。三保灯台と呼ばれることも。

御前埼灯台
（静岡県御前崎市）

ブラントンの設計・監督により明治７年に完成した煉瓦造りの灯台。日本国近代化産業遺産、日本の灯台50選に指定されている。令和３年に灯台と旧官舎が重要文化財となった。

掛塚灯台
（静岡県磐田市）

材木運搬の要所であった天竜川河口に建つ。下部は無筋コンクリート、上部は鉄製。明治30年に完成し、平成14年に地震などへの備えのため現在の位置に移設された。

能登観音埼灯台

安部龍太郎

Ryutaro Abe

1955年福岡県生まれ。90年『血の日本史』で単行本デビュー。
2005年『天馬、翔ける』で中山義秀文学賞、
13年『等伯』で直木賞を受賞。
他の著書に『家康』『ふりさけ見れば』など多数。

禄剛埼灯台
能登観音埼灯台
生地鼻灯台
富山県
石川県
福井県
立石岬灯台

海からの眼

能登観音埼灯台〈石川県〉

灯台と言えば思い出す光景がある。

学生時代にラグビー部の仲間と海辺の友人の家に遊びに行った。夕方に酒宴に興じた後、蒸し暑いので泳ぎに行こうということになった。

あいにくの曇り空で空も海も闇に包まれている。友人たちは若さに任せて沖に向かって泳ぎ始めたが、山育ちの私は巨大な闇に気後《きおく》れして、足が届く所より沖には出ることができなかった。

心細さに身も縮む思いであたりを見渡すと、はるか遠くの岬の先端に灯台があり、規則正しい点滅をくり返している。そのまたたきが自然に立ち向かう人間の意志を象徴しているようで、胸まで海につかって飽きずにながめていた。

その時頭に浮かんだのは、「一隅《いちぐう》を照らす」という言葉だった。伝教大師最澄が比叡山で学ぶ僧たちのために書いた『山家学生式《さんげがくしょうしき》』の中に次の言葉がある。

〈国宝とは何物ぞ（中略）一隅を照らす　これすなわち国宝なりと〉

光の点滅がそんな発想を呼び起こしたのだが、灯台は一隅を照らしているだけではない。経緯度を示す位置情報として全世界に公開され、諸外国から来航する船の安全を守っているのだから、世界に向けて開いた窓なのだ。

あれから五十年ちかい歳月をへて、灯台を巡る仕事をいただいた。全国に三千三百ほどあるという灯台の中から、最初の訪問地に選んだのは能登半島だった。

九月七日の早朝、台風十一号が通過した余波が残る不穏な天候の中、和倉温泉の宿所を出て七尾市鵜浦《うのうら》町の能登観音埼《のとかんのんさき》灯台に向かった。

七尾湾の東に突き出した崎山半島の先端に設置された灯台で、能登島との間の小口瀬戸を航行する船の安全を守っている。

また日本海から富山湾に入る船が、能登半島と周辺の浅瀬を認識するための目印でもある。灯台は海を照らすと同時に、海からの眼を責任をもって受け止めているのである。

大正二年（一九一三）に建てられ、翌年一月に点灯を始めた能登観音埼灯台は、初め「七尾湾口灯台」と呼ばれていた。小口瀬戸が七尾湾への出入口になっているからで、この航路ははるか昔から日本海海運と七尾を結ぶ重要な役割をはたしてきた。

我々が乗った車は、崎山半島をはすかいに横切って観音崎《かんのんざき》に向かっていく。低木の林の中を右に左に曲がりながらのドライブだが、高低差はそれほどないので安心してまわりの景色をながめていることができた。

最初に能登を訪れることにしたのは土地勘があったからである。

三十年ちかく前から取材に来たり友人の家に遊びに行ったりしていたが、やがて戦国時代に活躍した七尾出身の絵師長谷川等伯《とうはく》の小説を書こうと思い立ち、いっそう足繁く訪れるようになった。

そうした知見や人脈があるし、日本海海運や諸外国との交易において能登半島がはたしてきた役割の大きさも承知している。灯台をめぐることでそうした面に新たな光を当てることができればと思ったのだった。

現地では「のと里山里海ミュージアム」館長の和田学さんと、灯台を管理している海上保安庁の方々が待っていて下さった。

「久しぶりです。安部さん」

和田さんから気さくに声をかけられ、昔のことをいっぺんに思い出した。

等伯の取材のために初めて七尾市役所を訪ねた時、親切に対応して下さったのが当時文化課におられた和田さんだった。彼は観音崎にある集落にお住まいで、父上は灯台の監視員をしておられたという。

「昔は海沿いの車道なんかなくてね。山の中の道を通って小学校に通ったものですよ」

そう言いながら灯台へつづく道を勢い良く登っていかれる。道の側の小さな畑には野菜が植えられていて、平地の少ない岬で生きてきた人たちの暮らしぶりがうかがえた。

観音埼灯台は東の富山湾に向いて建っていた。建物は白色塔形で地上からの高さは十一・八メートルだが、これに岬の高さを加えれば灯火までの高さは三十二・三メートルになる。

単閃白光の灯火は八秒ごとに点滅し、十六海里（約三十キロメートル）まで届く。光の色と点滅の間隔で、遠く離れた海上からも観音埼灯台と分るのである。

「昔はここに官舎があり、灯台守の人たちが住んでいました。しかし昭和六十一年（一九八六）に自動化され、人手がいらなくなったのです」

内部に設置された階段を登り、灯台に上がらせてもらった。手すりをつけた丸いテラスがあり、あたりを一望することができる。

東には満々たる水をたたえて富山湾が広がり、その向こうに立山連峰が連なっている。

あいにくの曇天で山の中腹まで雲におおわれていたが、能登の人たちは立山が見えた日の翌日は雨になると言い習わしているのである。

北側には小口瀬戸があり、大型船が通行可能な範囲を示すために、円筒形のブイが二つ設置してある。その間隔は案外狭い。遠目だから正確とは言えないが、二百メートルほどだろう。

その周辺は岩礁がつづく浅瀬になっているので、夜間に進路を間違えたり嵐の時に吹き流されたりしたなら、たちまち座礁して身動きが取れなくなってしまう。灯台はそうした事故を防ぐ役割を荷《にな》っているのである。

「この航路は日本海海運と直結していますから、古くから争奪戦の的になってきました。越後の上杉謙信が七尾城を攻めた時も、この周辺の漁村を懐柔《かいじゅう》して身方につけたと言われています」

和田さんは歴史にも造詣《ぞうけい》が深く、実証的で公平な視野を持っておられる。前田利家が能登、加賀の大名になってからも、このまわりに息のかかった者を配して航路の安全と支配をはかったそうである。

「このあたりには鵜捕部《うっとりべ》の方が住み、気多《けた》大社に奉納する海鵜を捕る権利を代々受け継いでおられると聞きました。それはなぜでしょうか」

私は長年気にかかっていた疑問を口にした。

毎年十二月、羽咋《はくい》市の気多大社では「気多の鵜祭《うまつり》」が行なわれる。鵜捕部が生きた海鵜を放ち、飛ぶ方向などで吉凶を占う神事で、一説には平安時代からつづいていると言われている。

この海鵜を鵜浦町に住む鵜捕部が捕り、気多大社まで二泊三日をかけて運ぶが、これを「鵜様道中《うさまどうちゅう》」と呼ぶ。能登半島の東と西を結ぶこのような神事がなぜ行なわれてきたのか。そして鵜を捕ることを許されている家や、鵜様道中の時に宿泊する家がなぜ厳格に定められているのか。

私は鵜様道中のことを知った時から、そのことが気にかかっていた。この道中は七尾湾に入った船から降ろされた積荷が、羽咋の港まで運ばれた経路とも重なる。それゆえ気多大社が商業ルートの支配権を確立するために、特定の家との関係を深めたのではないかと推測していたのである。

「神事ですから、歴史的な由来が分っている訳ではありません。しかし海鵜は他の海岸でも捕れるのに、なぜここで捕れたものでなければならないのか。その理由は小口瀬戸の支配権に関わっていたのではないかという説はあります」

能登観音埼灯台ができる前は、鹿渡島《かど》にある観音堂が同じような役割をはたしていた。鹿渡島は岬の先端から五十メートルくらいの所に浮かぶ、周囲三百メートルほどの小島で、輝く玉を頭上にかかげた鹿が渡ったという伝承からこの名がつけられた。

今は浅瀬をコンクリート舗装《ほそう》して渡れるようにしてあるが、観音堂には今でも昼夜明りを灯しているし、和田さんたちが住む集落の六軒（昔は七軒）が毎日交代で朝夕鐘を鳴らしてお参りをしているという。

寺の名は龍燈山龍華樹院観音自在寺《りゅうとうざんりゅうかじゅいんかんのんじざいじ》といったが、今は鹿渡島観音寺と呼ばれている。本堂の軒先に下げてある半鐘くらいの大きさの鐘が、和田さんたちが毎日鳴らしているもので、常夜燈の替わりに灯しているのは裸電球だった。この観音堂から能登観音埼灯台への移り替わりは、海の標識の歴史を端的に示している。

日本人が船を使うようになった頃から、港の位置を示すための設備が必要になった。初めはかがり火だったろうが、それが常夜燈や灯明台になり、明治期になって欧米の仕様に合わせて灯台が作られるようになった。

鹿渡島の観音堂がこうした役割を荷っていたことは「龍燈山」という山号が示しているし、この堂に関係していた人々がどれほど豊かだったかは、本堂に安置された三仏が示している。

観音堂の御開帳は元旦と三月十五日の涅槃会《ねはんえ》の時だけだが、今回は特別に拝観させていただいた。本尊の千手観音立像は一木造りの精巧なもので、阿弥陀如来像は聖徳太子十六歳の作と伝えられている。

江戸期の北前船が象徴しているように、廻船業は莫大な富をもたらした。その安全をはかるためなら、豪商たちは大金を出して観音堂を整備することを厭《いと》わなかったのである。当然のことだが、観音堂は宗教施設でもある。小口瀬戸の難所では、嵐の時などに多くの海難事故が起こった。船が沈没して溺死したり、冬場に海に投げ出されて凍死するような例も多かったと思われる。

人々はそうした犠牲者を悼み、御仏の力で成仏できるようにとの願いを込めて、朝夕鐘を叩き本堂に明りを灯しつづけたのではないだろうか。

「観音堂にお参りすると、今でも不思議なご利益《りやく》があります。私の知り合いにも良縁に恵まれたり子宝を授かった人がいます」

和田さんの言葉が真実味をおびているのは、代々観音堂をお守りしてこられた一族のご出身だからだろう。現金な私は、改めて観音さまにお参りをして末永いご加護を祈ったのだった。

外《と》つ国《くに》への窓

禄剛埼灯台〈石川県〉

次の目的地は能登半島の先端にある禄剛埼《ろっこうさき》灯台である。いったん七尾市の中心部までもどり、国道二四九号線をひたすら北に向かっていく。

半島の先端に近い珠洲《すず》市三崎町には、日本海の守護神として尊崇されている須須《すず》神社があり、源義経が奉納した蟬折《せみおれ》の笛が保管されている。

兄頼朝に追われた義経主従は、この地から船を出して奥州平泉に向かい、山形県鶴岡市の鼠《ねず》ヶ関《せき》の近くの港に上陸した。義経は出港前に須須神社に参拝し、愛用の笛を奉納して無事を祈ったのである。

半島の先端は狼煙《のろし》という地名だが、これは沖の難所を通過する船に異変を知らせるための狼煙台があったからではないかと思われる。

これほどの海運の要地だけに、政府は明治十六年（一八八三）に西洋式の禄剛埼灯台を設置したのである。

灯台に近い「道の駅狼煙」で河崎倫代さんが待っていて下さった。明治時代に灯台守をつとめた小坂長之助《こさかちょうのすけ》氏のひ孫で、灯台や地元の歴史、文化を伝える「能登さいはて資料館」を運営しておられる。

「天気が良ければ佐渡島が見えますが、今日はちょっと」

河崎さんは残念そうに語りながら、灯台につづく道を案内して下さった。道はかなり急な登りだが、灯台の周辺が国定公園に指定されているので、両側に季節の花が植えられている。

花畑は地元の人たちのボランティア的な尽力によって守られていて、この日も河崎さんの妹さんが他県から手伝いに来ておられた。地域を守る精神は、灯台守をつとめていた長之助氏から受け継いだものかもしれない。

坂道を登り切って山の尾根の平坦地に出ると、前方に白い灯台が見えた。塔の高さは十二メートルだが、海に突き出した断崖の上に建てられているので、海面から灯火までの高さは四十八メートルになる。

灯火にはフレネル式のレンズが使われていて、十八海里（約三十三キロメートル）の彼方まで照らすことが出来る。点滅の間隔は三秒で、能登観音埼《のとかんのんさき》灯台よりかなり速い。

灯台の下に立つと、目の前に広がる日本海を一望できる。その視野は二百度ちかく、水平線がなだらかな弧を描いていて地球が丸いことを教えてくれる。ここからは登る朝日と沈む夕陽を同日に見ることができるという。

五十メートルちかい断崖の上に立つ白い灯台、目の前に広がる広大な海……。この景色はどこかに似ていると思い、ポルトガルのロカ岬だと気付いた。

「ここに地果て、海始まる」

そう謡われたユーラシア大陸最西端のロカ岬は、大航海時代に世界の海に乗り出していった船乗りたちの心のふるさとになった。

岬に立って広大な海をながめると、彼らの勇気と覚悟が伝わってくる気がしたものだが、禄剛崎の景色もそれと似た感覚を呼び覚ましてくれる。

ここは日本海の中心であり、遠い大陸への玄関口である。古代の人たちもそう感じていたからこそ、須須神社に日本海の守護神を祀ったのである。

ところで、灯台といえば、工場の煙突のように海辺に突き立っている姿を思い浮かべる方が多いのではないだろうか。

しかしこれは海面からの高さを確保し、光を遠くまで届かせるために用いられた構造で、海辺の高台に作られた場合そうした必要はない。

能登半島の先端に設置された禄剛埼灯台は高さ三十四メートルちかい高台にあり、灯台本体は十二メートルで充分だった。

そこでずんぐりとした円筒形の灯塔を、半円形の平屋で支える形にした。灯塔がずんぐりしているのは大型のフレネル式レンズを収容するためで、要塞《ようさい》のような半円形の平屋は突風にさらされても耐えられる構造にするためである。

この基本設計はスコットランドのスティーブンソン兄弟社によるもので、お雇い外国人として明治政府に招かれたリチャード・ヘンリー・ブラントン（一八四一〜一九〇一）が日本に伝えた。

ブラントンは二十六基の灯台の設計や建設に当たったが、禄剛埼灯台は彼らの力を借りることなく日本の技術者たちが初めて自力で作り上げたものだった（諸説あり）。

「この平屋を形作っている石は、下の岩場から切り出して運び上げたものです」

あのあたりからだと、河崎倫代さんが崖下《がけした》の海岸を指差された。

水面下に透けて見える所に、石畳のように連なる岩礁がある。石を切り出すには好都合だが、この高さを運び上げるにはさぞ難渋したことだろう。

このあたりは江戸時代から北前船が行き交う重要な航路だが、風が強く岩礁が多い「魔の海域」だった。そこで加賀藩は「諸廻船御助《しょかいせんおたすけ》」のために近くの山伏山《やまぶし》（標高一八四メートル）に常灯（灯明台）を設置していた。

「それが明治になって洋式灯台に替えられたのです。常灯と灯台では光が届く距離がちがいますから」

河崎さんは灯台設置の理由を記した公文書の写しまで用意して下さっていた。明治十四年（一八八一）五月六日に工部省から左大臣あてに上申されたもので、おおむね次のように記されている。

「この地は従来北国筋より西南地方へ航海する船舶が目印とするべき位置にありますが、同所の近海は暗礁が多く、しかも北方からの潮の流れが激烈であるのみならず、風雨などの夜はあたりは真っ暗で、ひとつも目当てにできるものがありません」

そのために航路を誤って沈没する船が多いので、灯台を設置して安全をはかってほしいというのである。この願いは迅速に処理され、五ヵ月後の十月二十日には着工の運びとなった。

「私の曽祖父の小坂長之助は、明治三十二年（一八九九）十一月に灯台看守助手となり、この灯台で勤務するようになりました。狼煙町《のろしまち》で大工仕事をしていましたが、明治三十年に長男が生まれたために、より安定した職業につきたかったのではないでしょうか」

灯台の横には洋式の官舎があり、常時三人が勤務していたという。

前に訪ねた能登観音埼灯台と同様に、海上保安庁の方々の助けを得て灯台に登ることができた。驚いたのはフレネル式レンズの精巧さである。大きな光源のまわりをプリズムで囲み、すべてを平行光線にして遠くまで光が届くようにしている。

点滅の間隔は三秒だが、これにはレンズの周囲に設置した遮蔽板を回す方式を用いていて、「遮蔽板回転式」と呼ばれている。

「このレンズを磨くことが、灯台守の重要な仕事だったそうです。夜が明けて灯台の灯が消されると、二人で一時間ほどかけて鹿皮で磨き上げたと聞きました」

レンズは高価な輸入品だったので、保守には細心の注意を払わなければならなかった。レンズに汚れやキズがあると光達距離（光が届く距離）が落ちるので、キズの位置や原因を記載する「瑕瑾簿《かきんぼ》」があったという。

「大変なのは遮蔽板の操作です。重い分銅を吊り下げ、少しずつ落下させて回転させる仕組みだったのですが、三時間半で地面についてしまうので、時間がくると上に登って分銅を巻き上げていたそうです」

そうした灯台守たちによって半島の先端や離れ小島にある灯台が維持され、航行する船の安全を守りつづけてきた。

これこそまさに一隅を照らす国の宝で、使命感に満ちた彼らの暮らしぶりは、木下恵介監督の映画『喜びも悲しみも幾歳月《いくとしつき》』に活写されている。

灯台の中ほどに巡らしたテラスからの眺めは素晴しかった。目の前に広がる広大な海は、多くの船が行き交う流通の大動脈であると同時に、外《と》つ国《くに》との交易路だった。能登半島には古くから朝鮮半島から渡来した人たちが居住したというし、志賀町福浦《ふくら》港には渤海《ぼっかい》国の使者を迎えるための能登客院が設置されていた。

その伝統を示すように、灯台の近くには釜山まで七八三キロ、ウラジオストクまで七七二キロという標識がかかげてあった。

「今は更地になっていますが、昔はあそこにこんな官舎が建っていました」

河崎さんがモノクロの写真を見せて下さった。どこかスコットランド風の屋根の大きな洋館で、まわりを木の柵で囲んでいる。

「小さい頃に灯台職員の子供たちと、灯台の中でかくれんぼをして遊んだことがあります。官舎に入ってテレビを見たこともありました」

それは昭和三十四年（一九五九）四月十日の皇太子と美智子さんのご成婚パレードで、

多くの人たちが集まって放送に見入ったという。

この写真に写っている三角屋根の倉庫が、町内の民家に残っているというので拝見しに行った。明治十四年（一八八一）十月に灯台と共に起工され、二年後の七月に完成した歴史の生き証人である。

木造平屋建て、瓦葺《かわらぶき》の頑丈な造りで、四方の軒下には隙間なく弧状に板を張ってある。断崖の上に建っているので、下から吹き付ける雨風を防ぐ必要があったのである。青森ヒバの梁《はり》を何本も使って屋根を支えているのは、積雪や台風に備えてのことだ。

当時の職人たちの技術の高さと責任感の強さが伝わってくる見事な建物だが、二〇二二年六月に起こった地震のために裏窓のあたりが被害を受けた。自治体などがこの建物の価値に注目し、修復や保存に尽力してもらいたいと、河崎さんは願っておられる。

史跡として重要なばかりか、建築学的にも貴重な遺産なので、灯台の敷地内の元の場所に移築して、多くの方々に見てもらう方策はないものだろうか？

その日は和倉温泉の旅館にもどり、同行の諸氏と打ち合わせを兼ねて会食をした。地元でとれた魚や野菜を肴に地酒を飲むのが、こうした取材旅行のひそかな愉しみである。

能登は能登杜氏《とうじ》を生んだ土地なので、酒のクオリティは高い。

能登の里山里海は世界農業遺産に認定されているだけに、食物がどれもおいしいのは言うまでもないが、中でも御飯はお勧めである。銀シャリの旨さとはこれだったかと、胸にしみ入ること請け合いである。

冬景色に立つパンダ灯台

生地鼻灯台〈富山県〉

翌朝十時、台風の影響が残る曇り空の中を生地《いくじ》鼻《はな》灯台に向かった。

富山県の黒部《くろべ》川の河口に位置する灯台で、富山湾の西から東にぐるりと回ることになる。車で二時間以上かかるが、三ヶ所目の訪問先としてこの地を選んだ。

着いたのは正午を過ぎた頃。狭い道を右に左に折れながら進むと、海辺に近い所に生地台場跡があった。嘉永四年（一八五一）に加賀藩がロシア艦船の来攻に備えて築いた、幅八メートル、高さ二・五メートル、長さ六十三メートルの砲台で、五門の臼砲《きゆうほう》を備えていた。

臼砲という名の如く、口径が大きく砲身が短いずんぐりした旧式の大砲で、軍艦との戦いに役立つとは思えない。おそらく幕府に海防を命じられて言い訳程度に作ったのだろうが、重要なのは生地《いくじ》がその場所に選ばれたということだ。それはこの地が海上交通の要所であったことを明確に示している。

生地鼻灯台は台場跡から三百メートルほど南にあった。灯塔を白黒二色に塗っているのでパンダ灯台の愛称で呼ばれている。大雪が降った時や霧が出た時にも目立つように二色に塗り分けたらしい。

高さが三十メートルもあるのは、標高が二メートルほどしかない低地に建てられているためで、まわりを民家に取り囲まれているシティボーイ君である。光達距離は約三十キロメートルで、点滅の間隔は十秒。

八秒、三秒、十秒、三つの灯台に差があるので、船乗りたちはその間隔を見ただけでどの灯台か分るのである。

灯台の向かいには「北洋の館」というカフェがあり、黒部観光ボランティアの会の松野《まつの》均《ひとし》さんが迎えて下さった。実は七尾市の青柏祭《せいはくさい》（五月三日〜五日）の後、下見のためにこの地を訪ねて松野さんと知り合いになったので、今回も協力をお願いしたのである。

生地鼻灯台が建てられたのは昭和二十六年（一九五一）。松野さんが二歳の時で、それ以来ずっと暮らしの一部になっているという。

「昔、イカ釣りの漁船に乗って北海道から富山湾に帰ってきた時、最初に目に入る光が生地鼻灯台でした。それを見るたびに心を打たれたものです」

店にはボランティアの方々三人が来て下さり、生地の歴史や灯台の思い出について語って下さった。

「ここにも灯台守の官舎があって、五世帯くらいの方々が暮らしていました。そこの子供たちと仲良くなったり、官舎の庭で野菜を作る手伝いをしたりしました」

「昔は漁民が住む寒村だったようです。しかし明治になってからは、水深が深いことが幸いして蒸気船の寄港地になったのです。それで遠洋漁業の基地になり、北海道まで鮭《さけ》や鱒《ます》、鰊《にしん》などをとりに行くようになったのです」

松野さんは水産会社の社長であり、そうした船団を組織していたこともあったという。

「富山と北海道は北前船の頃からつながりがありましたからね。明治の終わり頃になると、根室や羅臼《らうす》などに出稼ぎに行き、コンブの漁場を開拓するようになったのです」

「そうそう。それが結構儲《もう》かるもんで、国後《くなしり》や色丹《しこたん》などに移住した人たちがたくさんいたんですよ」

ところが終戦直後にソ連軍に占領され、着の身着のままで逃れてきた人たちが多かった。そのため富山県は北海道に次いで北方四島からの引揚者が多く、県立の北方領土史料室の資料によれば総数は一四二五人。そのうち黒部市は八三五人だという。

休漁期の夏は多くの人々が出稼ぎに出るので、海辺の村はガランとしていた。その情景を生地ゆかりの詩人田中冬二《ふゆじ》（一八九四〜一九八〇）は「ふるさとにて」という詩に描いている。

ほしがれひをやくにほひがする
ふるさとのさびしいひるめし時だ

板屋根に
石をのせた家々
ほそぼそと　ほしがれひをやくにほひがする
ふるさとのさびしいひるめし時だ

がらんとしたしろい街道を
山の雪売りが　ひとりあるいてゐる

氷室に入れた雪を夏に売り歩く者がいたのは、すぐ近くに立山連峰がつらなっているからだろう。

「ところでね。安部さん」

話が一段落するのを待って、松野さんが郷土の資料を集めたファイルを持ってきて下さった。

『明治四十一年編纂「生地誌」』というタイトルがつけられている。生地の歴史や新治《にいはる》神社の来歴について記したものだ。

「この間新治神社が海中に没した話をしましたが、これにだいたいのことが記されています」

新治神社は現在黒部市生地七一六番地に鎮座しているが、これは水没後に移転したもので、昔は今の海岸線より九百メートルほど沖にあり、まわりは豊かな港町として栄えていた。

ところが仁平四年（一一五四）八月十日に起こった海嘯《かいしよう》（潮津波《しおつなみ》）によって神社も町も水没し、多くの人命や宝物、記録が失われたのである。

黒部川の河口に広がる生地地区は、河が押し流してくる堆積土によって出来ている。しかも地下には伏流水が網の目のように流れていて、今も清水《しようず》の里として知られているが、こうした地形は砂のように崩れやすい弱点があって、巨大な潮津波によって海に突き出していた砂嘴《さし》が跡形もなく呑まれたものと思われる。

「ところが水没する以前の新治神社は、朝廷に何事かがあるたびに奉幣使《ほうへいし》を送られるほど格式の高い神社でした。大宝三年（七〇三）には高向朝臣大足《たかむくのあそんおおたり》と天武天皇の皇子が、その二年後には甲辰人麿《こうしん》が勅使として奉幣しています」

それ以後も養老二年（七一八）に僧行基、天平二十年（七四八）には国守大伴家持が参拝していると、松野さんは資料を示しながら力説された。

「問題はなぜ新治神社が朝廷にそれほど尊崇されたかということですが、私は最近ひとつの仮説に到りました。この地にはかつて中国の呉《ご》や越《えつ》から人々が移り住み、国を開いたということです」

灯台が照らしているのは海運の要所であり海の難所だが、同時にそこは外《と》つ国に向けた日本の窓でもあった。

特にユーラシア大陸に向いている日本海側の港には、外国との交易や外国人の渡来伝承が数多くあることは、能登半島の章でも触れた通りである。

かの地は朝鮮半島とのつながりが強いと言われているが、生地鼻灯台がある黒部市は古代中国の呉や越との関わりが深いと、黒部観光ボランティアの会の松野均さんは考えておられる。

「北陸一帯が越《こし》の国と呼ばれるのは、長江（揚子江）の下流域に栄えた越（紀元前六〇〇年頃〜紀元前三〇六年）から渡ってきた人々が開いた国だからだと長年考えていました。昔このあたりにあった湖も越之湖と呼ばれていましたし、新治神社を朝廷がひときわ大切にしたのも、越から渡ってきた人々の知識や技術を重視していたからだと思っていました。ところが先日、安部さんの小説を読んでいて、越ばかりではなく呉（紀元前五八五年頃〜紀元前四七三年）の人々も渡ってきたのだと分りました」

その小説とは、日経新聞朝刊に連載した『ふりさけ見れば』である。遣唐使の阿倍仲麻呂《あべのなかまろ》や吉備真備《きびのまきび》を主人公にしたこの小説の中で、私は唐の史書『翰苑《かんえん》』が邪馬台国《やまたいこく》について記した次の一節を引用した。

〈帯方（郡）より女王国に至るまで万二千余里あり。其の俗、男子は皆《み》な黥面《げいめん》文身す。其の旧語（古い話）を聞くに、自ら太伯《たいはく》の後なりと謂《い》う〉

邪馬台国の者たちは、自分たちは呉王朝の祖と言われる太伯の子孫だと言っているという件《くだり》である。

呉は紀元前四七三年に越王勾践《こうせん》によって滅ぼされたが、その時王族や重臣たちは船に乗って海上に逃れた。そして黒潮に乗って九州にたどり着き、邪馬台国を築いたのだろう。

私はそう考えていたが、そうした記述が松野さんにインスピレーションを与えたという。

「海洋民族であった呉の人々は九州にとどまらず、対馬海流に乗って北へ向かい、富山湾にもやって来たはずです。その名残りが呉羽《くれは》山という地名ではないかと思います。今はクレハと読みますが、山の東は呉東《ごとう》、西は呉西《ごせい》と呼んでいます」

松野さんは自説を証明しようと、南北を逆さにした東アジア地図を示した。その地図を見れば、長江の河口から北陸沖まで海の道で一直線につながっているのがよく分る。

しかも黒潮は時速約六キロ、対馬海流は約二キロで流れているので、漂流しただけでも日本に流れつく。松野さんがそう考えておられるのは、長年水産会社を経営し、幾度も船に乗って日本海の地形や潮の流れを熟知しておられるからである。

この日も第九管区海上保安本部の方々のご協力により、生地鼻灯台に登ることができた。塔頂部まで三十・四メートルの高さがあり、内部に螺旋《らせん》階段が設置してある。

これを登るのは大変だったが、テラスからは富山湾を一望することができた。西には能登半島が横たわり、東には立山連峰の尾根がつづいている。

灯器に使われている四等フレネルレンズは県下最大級であり、日本で最初に築かれた洋式灯台と同じ型式である。それはこの灯台が、富山湾に出入りする船の重要な目印になることをかんがみてのことだ。

富山湾の魚はおいしい。ぶりや白えび、ホタルイカなどはよく知られているが、その他にも豊かな水産資源に恵まれている。それは周囲の山々から滝のような勢いで流れて来る川の水と湾の深さ、日本海から流れ込む海流などによってもたらされたものだ。

テラスに立ってあたりをながめていると、それらの豊かな自然がこれからも守られるようにと祈らずにはいられなかった。

帰りに富山県北方領土史料室に立ち寄った。国後《くなしり》、択捉《えとろふ》、歯舞《はぼまい》、色丹《しこたん》の四島の史料の保存や継承を目的として設置されたもので、戦前の住民台帳や地図、写真などが展示してあった。

「明治の終わりごろになると、新しい漁場を求めて、北海道の根室や羅臼《らうす》などへ富山県から大勢が出稼ぎに行き、歯舞群島や色丹島にも渡りました。自然・生活環境が厳しい中、コンブの漁場を開拓し、良質なコンブを採ることで、多くの人が豊かな生活を手に入れました」

史料室のパンフレットにはそう記されている。

新たな発見

立石岬灯台〈福井県〉

立石岬《たていしみさき》灯台は敦賀湾の西側に突き出した半島の先端に建てられたもので、敦賀駅からの距離はおよそ十八キロ。車で三十分ほどかかる。

日本原電の原子力発電所の側を通り抜けて立石漁港に着くと、地元のテレビ局のスタッフと第八管区海上保安本部の方が待っていて下さった。海上保安本部は全国に十一管区があり、第八管区の本部は京都府舞鶴市にある。そこから我らの取材に立ち会うために、立石岬まで来ていただいたのだった。

保安本部の方に先導されて灯台に向かった。あいにく台風の余波の小雨模様で、海辺の小径に生い茂る夏草は濡れている。そこを通り抜けると雑木林に入るので雨には降られないが、標高一一七メートルの頂上まできつい坂道がつづいていた。

今回訪ねた四つの灯台の中ではもっとも厳しい立地にある。敦賀半島の先端という立地は、沖を通る船にも敦賀湾に入る船にもきわめて重要で、灯台が設置されたのは明治十四年（一八八一）。日本海側では山口県の角島《つのしま》灯台に次いで二番目である。

急な坂道を登りきった所に白亜の灯台があった。一階は切り石を積み上げて作った円筒形で、底部の直径は六メートル。二階は細長い筒状で、屋根は銅板でふいてある。高さが八メートルしかないのは、岬の頂上に立っているので海面からの高さを確保できているからだ。

北には日本海の大海原が広がっているので、晴れた日には青い空と海、森の緑に映えてさぞ美しいことだろう。灯台の作りも立地も、能登半島の禄剛埼《ろっこうさき》灯台とよく似ている。

こちらは明治十四年、あちらはその二年後の建設で、両方ともブラントンから学んだ日本人の弟子たちが手掛けたものだ。そのせいか双子のようによく似た姿をしている。

禄剛埼では失われていた日時計が、立石岬には立派に残っていた。灯台では現地の夜明けと日没の時間によって点灯時間を決めるので、日時計を大切にしたのである。

灯塔の入口には薄板の金具が立ててあるが、これは靴底にこびりついた雪をこそぎ落とすためのものだ。雪の深い地域ならではの設備である。

「この灯台は最初は石油灯と四等フレネルレンズを使っていました。しかし大正三年（一九一四）に光源をアセチレンガス灯に、昭和十三年（一九三八）には白熱電球に変えました」

海上保安本部の方が説明して下さった。

昭和三十五年（一九六〇）にはフレネルレンズもレンズ径三十センチの灯器に変えたが、撤去したフレネルレンズは敦賀市立博物館に展示してある。こちらは手軽に見学することができるので、興味のある方はお立ち寄りいただきたい。

「この切り石は敦賀湾の対岸から切り出し、船で運んで山頂まで運び上げたものです。それが建設から百四十年以上たった今も変わらずに残っています。ここには灯台守の官舎があって、家族で赴任していました。人里離れたところだし、冬は雪に閉ざされ北風に吹きさらされるので、暮らしはさぞ厳しかったことでしょう。それでも日没から夜明けまで明りを灯し、海を行く船の安全を守りつづけました」

その話をうかがって思い出したのは、映画『喜びも悲しみも幾歳月』の中で、主人公の同僚の妻が病気になり、何とか町の病院で治療を受けさせたいと雪原を馬車で行くシーンである。ところが妻の病は重く、町に着く前に夫の腕の中で息を引き取ったのだった。

「灯台は軍艦の航行にもきわめて重要でしたから、終戦間近にはアメリカ軍の攻撃を受けるようになりました。この灯台も昭和二十年（一九四五）七月に艦載機による攻撃を受け、小型爆弾の投下や機銃掃射によって被害を受けています」

日本の主要な灯台が、そうした被害を受け、殉職された方がいたことは前述の映画にも描かれていた。船舶の安全を守る灯台は国防の最前線に立っていたのだから、こうした攻撃にさらされることになったのだった。

ひるがえって現代ではどうだろう。無線通信やＧＰＳの発達によって灯台は無用の長物と見なされがちだが、敵の攻撃などで通信衛星が破壊されたならＧＰＳは使えなくなる。そんな時に備えて灯台を維持したり、灯台を用いた航海法の訓練をしておくことは、国防上きわめて重要ではないだろうか。

また灯台のある場所は外つ国への窓であったという例は、この立石岬にも当てはまる。敦賀の気比《けひ》神宮の境内にある角鹿《つぬが》神社の祭神は都怒我阿羅斯等《つぬがあらしと》という朝鮮半島からの渡来人で、大加羅《おおから》国の王子だったと伝えられている。

敦賀の地名は彼の名に由来していると言われているので、集団で渡来してきたのだろう。しかも興味深いことに、現在の敦賀市の市章の由緒について市のホームページには、

〈周囲の円形は敦賀港を現わして地勢を物語り、中央の角は「都奴賀阿羅斯等（ツヌガアラシト）」来朝に因《ちな》んでその沿革を象徴しています。角の上部は敦賀港最初の文明施設としての灯台を具現し、港湾都市としての将来への発展を意味しています〉

そう記されている。

こうした市章を制定したのは、市民の方々のアイデンティティの中に渡来人の子孫だという意識が根強くあるからだろう。それが海に開けた港としての敦賀の発展を支えてきたのではないだろうか。

そうした傾向は、敦賀鉄道資料館でもうかがうことができた。

敦賀港は日本海海運の要港であり、大陸との交通の拠点でもあったことから、明治二年（一八六九）に京都‐敦賀間の鉄道建設が決定された。明治十五年（一八八二）には日本海側としては初となる線路が敦賀まで敷かれた。

そして明治四十五年（一九一二）に欧亜国際連絡列車の運行が始まり、新橋（東京）‐金《かね》ヶ崎《さき》（敦賀）の間を直通列車が走り、敦賀港から連絡船でロシアのウラジオストクへ渡り、シベリア鉄道でパリまで行く路線が確立された。つまり敦賀はパリに向かう始発駅として、ユーラシア大陸とつながっていたのである。

この路線を利用して、迫害されたユダヤ人たちがリトアニアから敦賀に渡ってきたことはよく知られている。杉原千畝《ちうね》が発給した「命のビザ」をたずさえてのことで、その数は六千人にのぼったという。

当時の資料は「人道の港　敦賀ムゼウム」に展示してあるが、敦賀の市民たちはユダヤ難民を温かく迎え、親身になって次の目的地に向かう手助けをしたので、難民の中には

「敦賀は天国のようだ」と言う者もいた。

そうした対応ができたのは敦賀の人々の中に、自分たちの先祖もかつては他国からこの国に渡ってきたという意識があったからではないかと思われる。

それにしても、どの灯台もどうしてこれほど美しいのだろう。

それぞれに形は違うが、いずれもまわりの風景と不思議なほどに調和し、独自の輝きを放っている。なぜそうなのかという疑問を長い間持ちつづけてきたが、近頃その答えのヒントとなる文章に出会った。

谷川竜一著『灯台から考える海の近代』（京都大学学術出版会）の中で、日本は戦前に韓国の蔚山《ウルサン》市に蔚崎灯台を建てたが、この灯台の先には巨大な岩があり、そこが韓国人たちにとって重要な場所として祀《まつ》られてきたことが紹介されている。

そして谷川氏は、「航海の難所や岬の突端などの象徴的な場所は、そうした伝説や祈りの場所としてふさわしいからであり、同時にそれは灯台が光を海上に送る場所としては適切な場所だからです」と記す。

そうした考察の上で、「建造物を造るということは、単にモノを造っているのではなく、その場所の意志とそこに託された人々の願いに対して、その時代の姿を与える行為であると考えることができるでしょう」と述べている。

日本に三千以上もあるという灯台も、「その場所の意志」と「託された人々の願い」に即するように作られている。だから設計や建築に当たった人々は、その場の意志と人々の願いを汲み取り、最善の場所を選び、最善の姿を与えようと全身全霊をそそいだ。

そのために灯台は単なる実用性を越え、その地域の歴史や文化、自然環境にもっともふさわしい芸術性をおびたものになったのではないか。だからどの灯台もあれほど周囲の環境としっくりとなじんでいるのだろう。

だとするなら我々は灯台を巡ることで、日常生活で見失った何かと再会できるということだ。その何かは見る人の感応力によってちがうだろうが、人と自然に対する認識を新たにし、自分を、そして日本を発見するきっかけをもたらしてくれるのではないだろうか。

能登観音埼灯台
（石川県七尾市）

大正時代、七尾湾を航行する船舶の安全を確保するため石川県が建設。当初は七尾湾口灯台と名付けられたが、昭和41年に現在の名称に。昭和61年、機器自動化に伴い、四角形ビルディング型から白色塔形に建て替えられた。

禄剛埼灯台
（石川県珠洲市）

灯台の建つ禄剛崎は東、北、西の三方に海が開け、海から昇る朝日、海へ沈む夕日が同じ場所から望める岬。灯台は高台に建ち広範囲に灯火が送れる。晴れた日には遠く佐渡島や立山連峰も目視できる。

生地鼻灯台
（富山県黒部市）

富山湾の全てと能登半島の大部分から視認することが出来る富山県最古の灯台。パンダのように白黒に塗り分けられているのは、冬に背景の山々の雪の白さと識別できるように配慮されているため。

立石岬灯台
（福井県敦賀市）

西洋技術の導入初期である明治時代に建設された歴史的灯台として現存する64基のうちの1基。敦賀市の市章にもデザインされており、敦賀のシンボルとなっている。

清水灯台 p.167

御前埼灯台 p.180

禄剛埼灯台 p.215

生地鼻灯台 p.224

能登観音埼灯台 p.207

立石岬灯台 p.233

現在、日本には約3000基の灯台がある。
それらの中には日本の近現代史において歴史的価値が高いとされる
明治期の灯台など、海洋文化資産として、地域と一体となって
活用する可能性がある灯台も数多く存在する。
航路標識として従来の船舶交通の安全を担う重要な
役割から広がりつつある、灯台の存在意義について考え、
灯台を中心に地域の海の記憶を掘り起こし、
地域と地域、異分野と異業種、日本と世界をつなぎ、
新たな海洋体験を創造していく。
それが日本財団「海と灯台プロジェクト」だ。

地域の海の記憶を辿り、
新たな海洋体験を

灯台とともに。

灯台を活用する取り組みが全国で動き出している

灯台をもっと楽しむために

その存在価値を高め、灯台をより多くの人が触れ合う場所とするために。地域の人々が調査研究や施設の整備、灯台を活用したコンテンツの開発などに取り組んでいる。

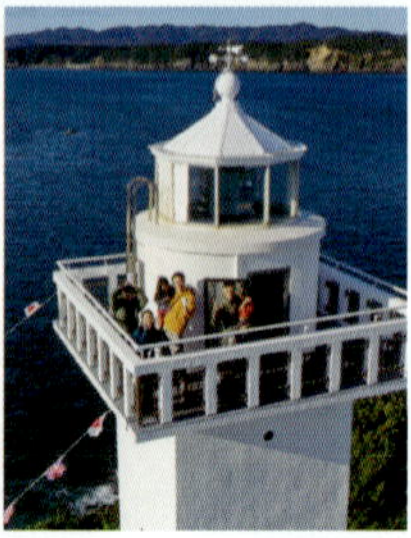

灯台記念日をきっかけに

「灯台記念日」である11月1日から8日までを「海と灯台ウィーク」として、日本財団や海上保安庁、全国の灯台がある地方自治体や企業などと共に、特別参観、講話、展示など灯台の魅力発信イベントを展開。さらに、さまざまな分野の有識者が集結する「海と灯台サミット」が毎年開催されている。

灯台を守る ～現代版・灯台守

愛知県・野間埼灯台

愛知県最古の灯台・野間埼灯台に、現代版「灯台守」が誕生した。彼らが目指すのは、野間埼灯台を中核とした、地域経済の活性化。ウェディングフォトなど灯台を活用した有料サービスを提供する。

灯台をつなぐ
～ツナガル灯台マルシェ

長崎県・大バエ鼻灯台／生月長瀬鼻灯台

隠れキリシタンや捕鯨で有名な生月島。その両端に立つ2つの灯台をつなぐことで、島の風景、歴史、文化が連携した地域の活性化を目指す。

灯台をステージに ～灯台FES日御碕

島根県・出雲日御碕灯台

観光名所・出雲大社の近くに立つ出雲日御碕灯台。その美しい姿と海を見ながら音楽イベントやグルメを楽しむスペースを設けた。今後、定期的な灯台FESの開催を目指している。

灯台を夜市に
～灯台ナイトマーケット

富山県・生地鼻灯台

かつて北洋漁業の拠点として栄えた富山県黒部市生地。当時の賑わいを呼び戻すきっかけとして開催された「灯台ナイトマーケット」は、マルシェやライブで盛り上がった。

灯台をエンタメに　〜燈の守り人

福島県・塩屋埼灯台

灯台擬人化プロジェクト「燈の守り人」。ボイスドラマで展開するオリジナルストーリーに登場するキャラクターが、全国の灯台とのコラボを展開。

写真提供：とよまの灯台倶楽部

灯台を宿泊体験に
〜かもめ島マリンピング

北海道・鴎島灯台

北海道江差に立つ鴎島灯台。その敷地内で、カジュアルグランピング体験やマリンアクティビティが楽しめる。

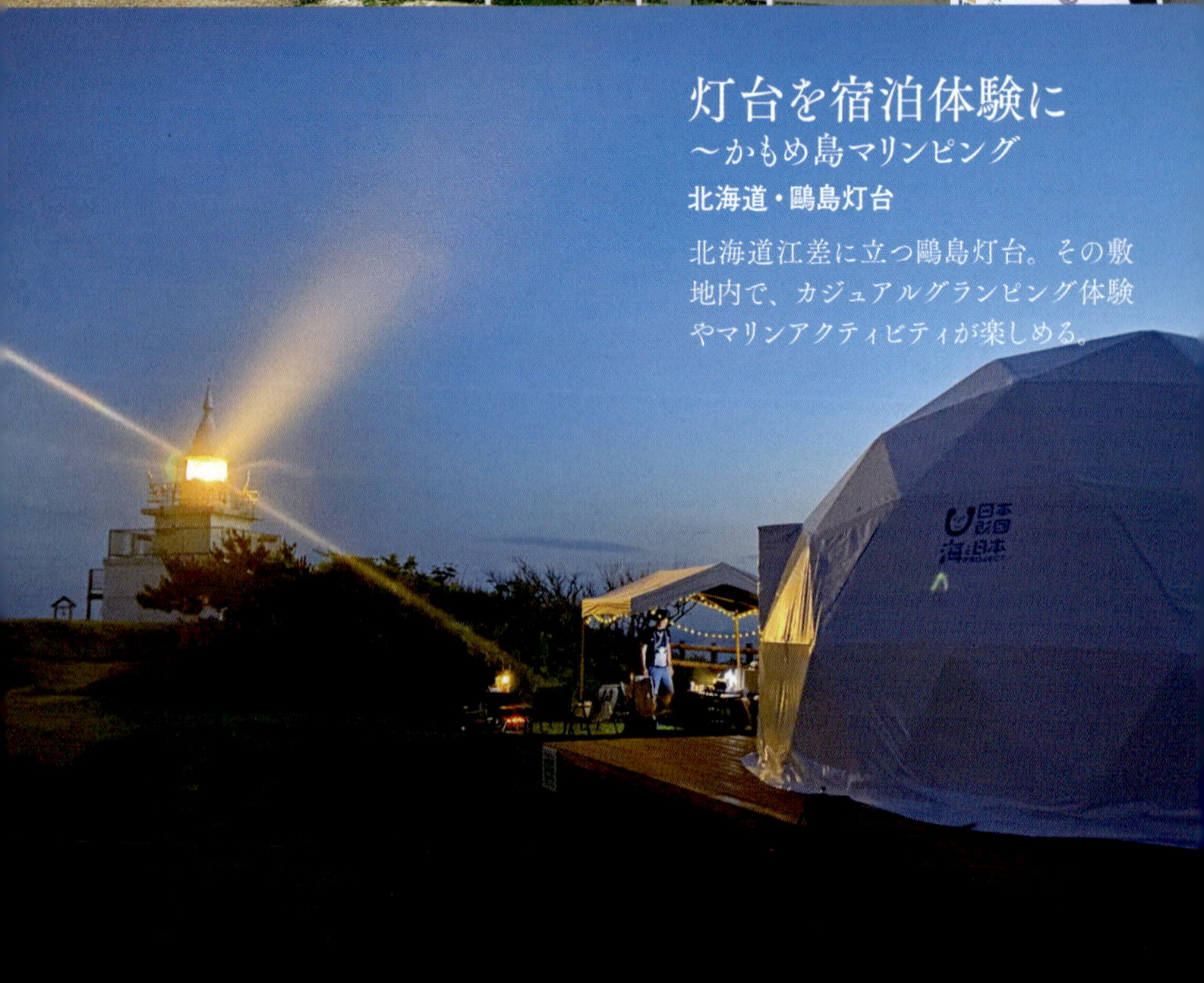

灯台を縁づくりに
〜ミッション型キャンプ

新潟県・沢崎鼻灯台

灯台でキャンプをしながら地域のお手伝いをするという体験プログラムを実施。参加者は地元の祭事などにも参加することで、地域の伝統や文化を未来につないでいく。

灯台を人材づくりに
〜人材育成プログラム

愛媛県・佐田岬灯台

地元で灯台に関わる人材を育成するプログラムを実施。シンポジウムや学習ツアー、地元高校生と連携した灯台キャラクター制作などを実施。若き灯台ファンが増加中だ。

灯台を語る
～海と灯台サミット

「海と灯台ウィーク」期間中に開催される「海と灯台サミット」。灯台の現在・過去・未来に通じるさまざまなテーマについて、異業種・異分野を問わず、各界を代表する有識者が議論を交わしている。

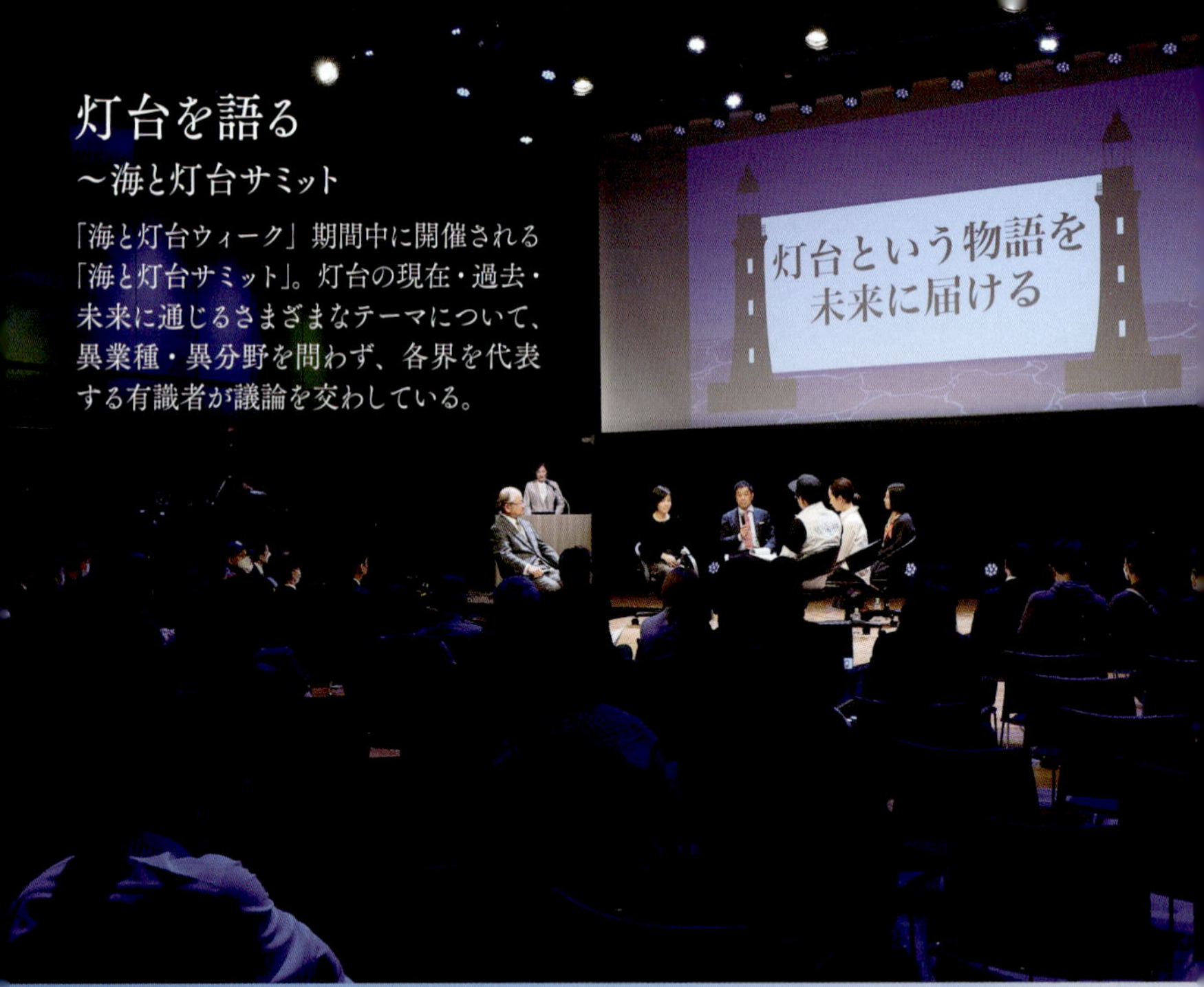

そして日本の「灯台」群を世界遺産へ

日本財団「海と灯台プロジェクト」では、灯台を守り、利活用することにどのような価値があるのか、そのためには何をすべきか。世界的な視点と地域の視点から明らかにすることを目的に、海と灯台学の体系化事業を展開中。さらに日本の灯台群として、UNESCO世界文化遺産登録の実行可能性の評価にも取り組んでいる。

佐田岬灯台

初出　「オール讀物」二〇二三年十一月号〜二〇二四年七・八月号
※お世話になった皆さまの肩書や施設の名称、情報などは、
取材当時のものです。

協力　日本財団「海と灯台プロジェクト」

装丁・デザイン　野中深雪
写真　橋本篤（カバー、P.1〜P.246）

灯台《とうだい》を読《よ》む

二〇二四年十月十日　第一刷発行

著　者　門井《かどい》慶喜《よしのぶ》　澤田《さわだ》瞳子《とうこ》　阿部《あべ》智里《ちさと》
川越《かわごえ》宗一《そういち》　永井《ながい》紗耶子《さやこ》　安部《あべ》龍太郎《りゅうたろう》

発行者　花田朋子
発行所　株式会社　文藝春秋
〒一〇二-八〇〇八　東京都千代田区紀尾井町三-二三
電話　〇三-三二六五-一二一一

印刷所　TOPPANクロレ
製本所　加藤製本
DTP制作　DIG

万一、落丁・乱丁の場合は送料当方負担でお取替えいたします。
小社製作部宛、お送り下さい。定価はカバーに表示してあります。

ISBN978-4-16-391903-4　Printed in Japan